HISTOIRE NATURELLE, CIVILE ET POLITIQUE DES GALLIGENES ANTIPODES DE LA NATION FRANÇOISE, DONT ILS TIRENT LEUR ORIGINE;

Où l'on développe la naissance, les progrès, les mœurs & les vertus singulieres de ces Insulaires.

Les révolutions & les productions merveilleuses de leur Isle, avec l'histoire de leur Fondateur.

TOME PREMIER.

A GENÈVE,
Chez les Freres CRAMER.
Et se trouve à Paris,
Chez HUMAIRE, Libraire, rue du Marché Palû, vis-à-vis la Vierge de l'Hôtel-Dieu.

M. DCC. LXX.

HISTOIRE DES GALLIGÈNES, OU MÉMOIRES DE DUNCAN.

CHAPITRE I.

Embarquement, naufrage, & arrivée de Duncan dans une isle inconnue, où il se trouve en pays de connoissance.

Un Navigateur François, embarqué sous de mauvais auspices, avoit essuyé dans un long voyage toutes les disgraces réservées aux gens de mer, qu'elles ne corrigent point. Presque tout l'équipage avoit succombé ; qui n'étoit pas mort, étoit mourant. Le vaisseau, sans Pilote, flottoit au hazard dans une mer inconnue, & Duncan (c'est le nom de notre Voyageur) accablé de tant de maux, n'attendoit plus que le dernier de tous. Il ne tarda pas ; le vaisseau toucha un écueil & se brisa. Le reste de l'équipage infortuné périt ; Duncan seul échappa à la faveur d'une planche qui le soutint une journée entiere, & le déposa sur le soir dans une isle inconnue de toute la terre.

Son premier sentiment fut un mouvement de joie ; il venoit d'échapper à une mort presque certaine. L'inquiétude succéda ; il étoit à l'autre bout du monde, dans une terre inconnue, & ne sçavoit ce qu'il devoit craindre le plus, des hommes ou des bêtes féroces qui pouvoient l'habiter. Il passa une partie de la nuit, occupé de penſées auſſi triſtes qu'inutiles. Enfin, accablé de fatigues & de réfléxions, il s'endormit.

Dès l'aurore en ouvrant les yeux, il apperçut auprès de lui deux hommes qui attendoient ſon réveil, pour lui préſenter des rafraîchiſſemens, & lui offrir leurs ſervices. Le ſommeil de Duncan avoit un peu calmé ſes ſens, & réparé ſes forces. Mais ſon eſtomac oiſif depuis plus de vingt-quatre heures, demandoit, & vivement. Il ſe ſaiſit avec empreſſement de ce qu'on lui préſentoit, & mangea avec tant d'avidité & d'action qu'il ne lui reſtoit pas un moment pour porter la parole aux deux inconnus qui le régaloient. Ceux-ci, ne voulant pas troubler un opération ſi active, garderent auſſi le ſilence.

A meſure que ſon eſtomac s'appaiſoit, Duncan prenoit plus de part à ce qui ſe paſſoit autour de lui. Il re-

gardoit ſucceſſivement & les deux inconnus, & l'intérieur des terres, & la mer où il venoit de faire naufrage. Enfin il prit la parole : « puis-je ſça-
» voir, dit-il, quels ſont les généreux
» inconnus qui m'ont accueilli avec
» tant d'humanité ? «

» Nous l'entendons, s'écrierent avec
» vivacité les deux inconnus, nous
» l'entendons ; c'eſt un de nos freres
» Européens. Suivez-nous, ne craignez
» rien, vous êtes en pays de connoiſ-
» ſance. N'êtes-vous pas François ?
» Nous le ſommes auſſi. Comment
» vont nos freres en Europe ? Et
» vous, par quel accident vous trou-
» vez-vous ici, en ſi mauvais équi-
» page ? «

A tant de queſtions, & faites en ſi bel ordre, Duncan, tout ſtupefait, répondit de ſon mieux. » Je ſuis
» François ; je voyageois ; je viens de
» faire naufrage. Vos freres vont com-

» me ils peuvent, & comme le tems » le veut. Pour moi, je ne sçais où je » suis, je n'entends rien à ce que vous » me dites de pays de connoissance » & de fraternité, & je doute si je » suis éveillé ou si je rêve. «

Tout en discourant ils avançoient dans l'intérieur de l'isle, &, après une demi-heure de chemin, ils entrerent dans une grande ville. » Venez ci» toyens, s'écrierent les deux intro» ducteurs de Duncan, venez voir un » de vos freres d'Europe. « Et aussi-tôt hommes, femmes, enfans, d'accourir, de regarder, & de suivre. Le Voyageur François, encore tout mouillé, & qui ne représentoit pas comme un ambassadeur qui fait son entrée, n'étoit rien moins que flaté du concours. Il traversa toute la ville, & enfin on l'introduisit dans un château qui ne lui parut habité que par des vieillards. Il en fut reçu avec humanité ; on lui donna un appartement dans le château même, où il trouva des habits & tout ce qui lui étoit nécessaire.

CHAPITRE II.

Description de l'isle & de la ville des Galligènes.

QUAND Duncan, dont la tête resta un peu étonnée pendant quelques jours, eut repris toute sa raison, & se fut assuré qu'il ne dormoit pas, il commença à parcourir l'isle où il se trouvoit, & voici la description qu'il en a faite.

L'isle des Galligènes a douze lieues de longueur sur huit de largeur, & s'étend du nord au midi. Sa surface s'incline un peu vers l'orient & semble se déployer & s'ouvrir à toute la bénignité des rayons du soleil levant. Quoique peu éloignée de l'un des Tropiques, l'air y est habituellement plutôt froid que chaud; & ce qu'il y a de plus singulier, il n'y pleut presque jamais. Apparemment que la chaleur tempérée par les vapeurs abondantes qui s'élevent des mers ſpacieuſes dont l'iſle eſt environnée, ne s'affoiblit point aſſez pour que ces vapeurs rapprochées tombent en pluyes. Ce n'eſt pas que les nuits ne ſoient pour l'ordinaire très fraîches, mais cette fraîcheur n'occaſionne que des roſées copieuſes qui humectent la terre, & raniment les plantes.

De toute part l'iſle eſt environnée d'amas de roches, dont les piéces rompues & confuſement entaſſées, annoncent l'effet du déſordre & du bouleverſement. Entre cette ceinture de rochers, une plaine unie & le ſol preſque partout de niveau, annoncent l'effet du repos & de l'ordre; choſes qui ſeroient incompréhenſibles ſans l'évenement qui a donné lieu à la naiſſance de l'iſle, & dont nous parlerons dans la ſuite.

Comme les terres forment une pente douce du côté de l'orient, il n'eſt gueres d'endroits d'où l'œil n'embraſſe tout le territoire des Galligènes. Dans les détails, on découvre des campagnes labourées, des vergers, des vignobles, de longues avenues, de boſquets, des parterres, tout ce que l'induſtrie champêtre a pu imaginer & pour l'utilité & pour l'agrément.

Les Galligènes n'ont qu'une ſeule ville. Elle forme un quarré long. L'une des extrémités eſt occupée par un grand bâtiment, où l'on éleve les enfans de la république, juſqu'à l'âge de ſept ans. Cet édifice eſt très-bien bâti. Il préſente du côté de la ville une belle colonnade, décorée de ſtatues d'un goût médiocre & d'un grand nombre de bas-reliefs, dont l'exécution n'a rien de rare, mais dont les ſujets emblématiques ſont très-ſingulierement imaginés. Au-dessus de la grande porte, par exemple, on a représenté la nature & ses bienfaits. Le sculpteur a tâché de réunir dans ses traits la délicatesse, la majesté & plus de beauté que de finesse. Son aspect n'est ni gai ni mélancolique, mais serein & intéressant. Elle est comme soutenue en l'air; ses pieds portent sur un croissant, sa robe est parsemée d'étoiles, & sa tête est couronnée du soleil. Plus bas se déploye & se perd dans le lointain une campagne couverte des productions de la terre les plus utiles & les plus riantes; la nature a le sein découvert; elle le presse de ses mains & fait jaillir deux jets qui à leur chûte sur la terre forment de chaque côté un ruisseau de lait, qui serpente dans la plaine. Sur le bord de ces ruisseaux, sont représentés des enfans nuds, sans nombre. Les uns couchés par terre boivent dans le ruisſeau même; les autres, formant un vaſe étroit de leur main, puiſent & ſe raſſaſient; d'autres boivent dans des coquilles. Quelques-uns dorment d'un ſommeil profond; quelques autres, diſtribués par groupes, s'amuſent aux jeux de l'enfance. Pluſieurs, élevant leurs mains vers la nature, ſemblent, avec un viſage riant, rendre hommage à cette nourrice commune de tous les êtres.

A l'extrémité oppoſée de la ville, un autre grand bâtiment, appellé la maiſon d'occident ou le palais des anciens, répond à l'hôtel des enfans. De l'un à l'autre de ces palais, à droite & à gauche, un grand nombre de maiſons plus agréables les unes que les autres & dont aucune ne ſe reſſemble, forment des rues aſſez courtes, mais larges, & toutes tirées au cordeau. Du palais d'orient à celui d'occident (c'eſt-à-dire l'eſpace de plus d'un mille) regne une grande & belle rue de plus de trois cens pas de largeur, au milieu de laquelle coule un ruiſſeau bordé d'un gazon toujours verd. De diſtance en diſtance des réſervoirs décorés de différens morceaux d'architecture & de ſculpture, reçoivent le ruiſſeau & forment des fontaines auſſi agréables à la vue que commodes aux citoyens. Toute la ville eſt ceinte de quatre rangées d'arbres qui forment trois allées à perte de vue & donnent un ombrage impénétrable aux rayons du ſoleil; c'eſt la promenade ordinaire des Galligènes.

Les maiſons & les rues ſont tellement diſtribuées, qu'en fermant un petit nombre de portes, on peut couper toute communication de tel quartier que l'on veut, avec le reſte de la ville.

Les enfans, à l'âge de ſept ans, quittent, comme nous l'avons dit, la maison d'orient ; les filles vont à droite, les garçons à gauche, habiter les maisons voisines. Ils changent de domicile ; à mesure qu'ils avancent en âge, ils approchent de la maison d'occident, où les hommes qu'une mort précoce n'a point enlevés, vont terminer leur carriere, en administrant la république sous le nom d'anciens.

CHAPITRE III.

Mœurs des Galligènes.

LES Galligènes tirent leur origine des François, leur nom l'indique assez, & nous ne tarderons pas à dire par quelle avanture extraordinaire, ils se trouvent transplantés si loin de leur pays natal. Soit à cause du climat, soit à cause du gouvernement, le naturel françois se trouve très-alteré dans ces hommes expatriés. Cette légereté inattentive, cette gaieté de distraction, cette aisance à tout effleurer, ces graces dans toute les petites choses; à peine en reste-t-il quelque trace; & Duncan ne sçait si les Galligènes y perdent ou y gagnent. La langue n'est pas moins défigurée, elle est pourtant intelligible pour un François. Le fond de l'idiome est l'ancien gaulois que les Galligènes parloient dans leur origine. Mais outre que la plûpart des constructions sont changées, ils ont ajouté beaucoup de mots, la plûpart tirés de la nature des choses qu'ils vouloient désigner, & non du grec, ni du latin, ni de toute autre langue qu'ils ignorent. Il est arrivé de-là que leur langue a peut-être plus de rudesse, mais aussi plus de force que la nôtre.

Une isle aussi petite que celle qu'ils habitent, ne peut nourrir un grand peuple. Aussi les Galligènes ne vont pas tout-à-fait à cent mille. Comme ce n'est en quelque sorte qu'une famille qui s'est acrue peu-à-peu, rien ne les a empêché de former une république, telle à peu près que celle de Platon, & de s'accommoder d'un gouvernement qui ne s'est jamais établi nulle part, qui, sans doute partout ailleurs, seroit impraticable, & qui même ne subsistera peut-être pas long-tems parmi eux. Ils vivent en commun : terres, alimens, habitations, femmes, enfans, tout est à tous, rien n'est à personne en particulier.

Ils n'ont aucune église, aucune synagogue, aucune mosquée, aucun minarès. L'univers, disent-ils, est le seul temple digne de Dieu, & nous devons l'adorer partout. Ils s'assemblent pourtant dans certains jours, tantôt en un endroit, tantôt en un autre; on chante quelques hymnes, on fait la lecture de leur loi; des vieillards exhortent le peuple, & c'est en quoi consiste le culte des Galligènes. Ils n'ont point de prêtres, & même ils entrent si peu dans la sagesse de nos établissemens, qu'ils demandent d'où vient qu'il se trouve parmi nous des hommes spécialement destinés à Dieu, puisque tous sont également tenus envers lui, & que les devoirs de religion doivent être communs à chaque membre de la société.

Tout enfant appartient à la république, comme nous l'avons dit. Dès l'instant de sa naissance, on l'enléve à sa mere, à laquelle on ne permet pas même de le considérer, dans la crainte qu'elle ne le reconnoisse à l'avenir. Ainsi chez les Galligènes point de mere, de pere, de parens, d'époux, d'alliés; ils sont tous freres, disent-ils, & la république est leur mere.

L'éducation est la même pour les deux sexes, quant à ce qui regarde les sciences; & quand Duncan leur racontoit de quelle maniere nous nous comportons à cet égard, ils lui demandoient si nous étions dans l'opinion, que les femmes ne pensent pas. On auroit peine à croire à quel point cette conduite leur réussit. Quant aux connoissances, au génie, au goût, les femmes égalent les hommes, & réussisſiſſent beaucoup mieux dans certains genres.

Leur hiſtoire ſeroit une mauvaiſe école pour un militaire. Aucune guerre n'illuſtra jamais cette nation aſſez heureuſe pour reſter dans l'obſcurité. Ils ne s'exercent à l'art militaire, que pour ſe défendre, s'il arrivoit qu'ils fuſſent attaqués.

Il n'exiſte aucune ſorte de diſtinction entr'eux. Perſonne ne s'éléve, perſonne ne rampe. On ne connoît ni cet abaiſſement qui flétrit le cœur, ni cette élévation qui enorgueillit l'ame. Nul n'eſt petit, parce que nul n'eſt grand. Conſéquemment tous doivent le travail de leurs mains à la République. L'impuiſſance de l'âge qui acquiert des forces, ou les perd, en exempte les jeunes gens & les vieillards; de ſorte qu'il n'y a guère que la moitié des citoyens qui ſoient employés, & cela deux fois la ſemaine ſeulement. Les autres jours ſont des jours de loiſir. Ce travail leger ſuffit, parce que leur terroir produit beaucoup, & que le luxe ne dévore rien.

De toute ſociété naît l'ambition, & de l'ambition, l'amour de la propriété. Où tout eſt commun, comme chez les Galligènes, on ne peut ſatisfaire cette paſſion, & c'eſt une peine pour chacun d'eux. Où les loix donnent le droit de propriété, les uns ont beaucoup, les autres peu, la plûpart rien. Ceux qui n'ont rien, deſirent quelque choſe; ceux qui ont beaucoup, deſirent encore plus; & voilà encore des ſujets de peine & de trouble. Prenez à cet égard comme à tout autre, tel parti que vous voudrez, vous rencontrerez toujours des obſtacles au bonheur des hommes; vous les verrez toujours deſirer d'être autrement qu'ils ne ſont. Il y a pourtant des gens paiſibles & peu ambitieux qui s'accommodent du gouvernement des Galligènes, où rien ne leur manque : comme il y a parmi nous des gens remuans & pleins d'ambition qui s'accommodent de notre gouvernement, où leurs desirs peuvent se déployer. Dans l'un & dans l'autre, il se trouve encore des esprits éclairés, des hommes sages qui s'accommodent par raison des loix du pays où ils ont pris naissance, & vivent en paix : mais ceux-là sont rares.

L'industrie, les arts, les sciences, rien, parmi les Galligènes, ne peut être encouragé par les récompenses & les prérogatives. Il ne peut y avoir de récompense où rien n'est en propriété, ni de distinction où tous doivent rester dans une parfaite égalité. Le desir même de s'attirer l'estime de ses concitoyens, desir si louable par-tout ailleurs, est suspect, & passe pour une foiblesse qui approche du vice ; tant on craint que quelqu'un ne s'éléve au-desſus du niveau. Ainſi la vertu eſt ſa propre récompenſe, & n'a d'autre aiguillon que l'amour de ſes compatriotes & le deſir de leur être utile. Eſt-ce un grand mal ? » Oui, dit notre voyagèur, » & très-grand. Par elle-même la vertu » ne peut rien ; & quand elle pourroit » ſur certaines ames, combien d'autres » ne ſe remuent que par l'eſprit d'inté- » rêt ? Si vous voulez multiplier les ac- » tions vertueuſes, attachez-y des ré- » compenſes «. Je doute que Duncan ait raiſon. Où ſe trouve des récompenſes, des rangs, des titres, des diſtinctions, là ſe multiplient les concurrences, qui ſouvent, au lieu d'exciter l'émulation, ſont une ſource intariſſable d'animoſités & de déſordres. Le méchant qui ne ſe ſoucie que du prix & non du mérite, pour y parvenir, eſſaye ſouvent des voies indirectes & des crimes couverts. Enfin les mains qui diſtribuent les fruits deſtinés à la vertu, ne s'en acquittent presque jamais avec intégrité, & cette conduite enhardit le mauvais citoyen, & décourage les bons. L'abus des récompenses produit au moins autant de mal, que le bon usage qu'on en fait quelquefois produit de bien. Ne vaudroit-il pas autant qu'il n'y en eût point du tout ?

Comme les Galligènes n'ont rien en propre, on ne voit personne se ruiner, ni personne s'enrichir ; on ne connoît ni prodigalité, ni libéralité, ni avarice. Cependant ils naissent comme les autres avec les dispositions naturelles qui font l'avare, l'économe, le prodigue, & chacun voudroit que les biens de la République fussent administrés à sa maniere. » Nous n'usons d'aucune » précaution, disent les uns ; nous ne » mettons presque rien en réserve, & » nous abandonnons au hasard la vie » des citoyens. Que deviendroit-on, » par exemple, si nos moissons alloient

» manquer deux ou trois années consé-
» cutives. Nous ne jouissons pas, disent
» les autres : à quoi bon ces magasins
» fournis jusqu'au toît de tant de den-
» rées, dont la plûpart se gâtent ? On
» voit bien que nous sommes gouver-
» nés par des vieillards qui, toujours
» inquiets sur l'avenir, ne pensent ja-
» mais à jouir du présent «. Un homme laborieux voudroit que l'on doublât les jours de travail, & s'employe lors même qu'on n'exige rien de lui. Le paresseux voudroit les diminuer, & s'esquive comme il peut, dès qu'il s'agit de se mettre à l'ouvrage. L'homme de lettres ne sçauroit se résoudre à quitter la plume pour la bêche & le rateau : il voudroit qu'on employât chacun selon son talent ; qu'on donnât des filets au pêcheur, & des livres au curieux, & qu'on dît à l'un & à l'autre, voilà de quoi vous occuper toute votre vie. D'un autre côté, l'artiste & l'ouvrier ne com-

prennent pas comment on tolére les oisives occupations de la littérature : ils pensent que les lettres ne sont propres qu'à fomenter l'indolence, & donner de la maladresse dans les travaux essentiels à la vie. » On voit, disent-ils, des gens » qui font de très-bonnes odes, & qui » ne pourroient pas faire cuire un pain » à propos. Voilà des hommes grande- » ment utiles à la société. Quand un » poëte se présente à table, on devroit » lui servir les meilleures épigrammes » & les plus beaux vers qui se soient faits » dans la République «. Avec une religion, des loix, des usages & des mœurs si différentes de ce qu'on remarque parmi toutes les autres nations, les Galligènes ont, comme on voit, les mêmes défauts, font les mêmes plaintes, & sont sujets aux mêmes troubles.

CHAPITRE IV.

Querelles & injures d'un nouveau genre. Etonnement de DUNCAN. *Il s'explique & s'étonne de plus en plus.*

DEUX citoyens ſe diſputoient un jour avec aigreur : Duncan étoit préſent, & s'en applaudiſſoit ; car il vouloit connoître à fond les Galligènes, & trouvoit l'occaſion de s'inſtruire ſur leur maniere de quereller. Mon Dieu, diſoit l'un, ne me force point à te dire des vérités que tu trouverois ſans doute un peu dures. Je ne crains rien, diſoit l'autre, tu peux parler ; je veux même que tu t'expliques : à t'entendre, on me prendroit pour un homme des plus coupables ; &, grace au Ciel, je n'ai rien à me reprocher. Ne diroit-on pas, reprit l'agreſſeur, que voilà l'ame la plus nette qui exiſte ? Tout le monde ſçait pourtant que c'eſt l'ami le plus ardent qui ſe trouve dans la République. Qui, moi, un ami ardent, repliqua l'accuſé? Jamais perſonne ne le fut moins. Je conviens que j'ai quelques habitudes, puiſqu'aujourd'hui c'eſt la mode; mais d'amitié, je n'en eus jamais. Et vous, Monſieur le Cenſeur, y a-t-il long-tems que vous n'avez vu celui qui, l'autre jour, comme vous vous noyiez, ſe donna tant de peine pour vous ſauver la vie? On n'ignore pas combien vous êtes reconnoiſſant: vous ne pouvez plus perdre votre bienfaiteur de vûe, & vous vous êtes entiérement dévoué à lui. Voilà bien le reproche le plus mal fondé que l'on me puiſſe faire, reprit l'autre: depuis cette aventure, je n'ai pas vu trois fois celui à qui je dois la vie; au contraire, je le fuis, & je ne crois pas qu'on puiſſe oublier plus parfaitement un bienfait.

A côté de Duncan, étoit un Galligène de ſa connoiſſance, appellé Dorville, qui, comme lui, écoutoit tranquillement cette belle diſpute. Duncan lui adreſſa la parole : Eſt-ce l'uſage, dit-il, dans ce pays-ci, de laiſſer courir les rues aux foux.

DORVILLE.

Il eſt vrai que voilà deux têtes bien vertes. Ils ne penſent guère à quoi ils s'expoſent. S'ils ſont tels qu'ils ſe diſent, & que nos Magiſtrats viennent à l'apprendre, on pourroit bien faire un exemple, & renfermer ces querelleurs. Peut-on ſe dire de pareilles duretés !

DUNCAN.

Miſéricorde ! je me trouve ſans doute dans les petites-maiſons de l'Iſle. Mon cher Monſieur Dorville, la tête vous a donc auſſi tourné ? Je vous le diſois bien, vous vous appliquiez à l'étude d'une force.... Mais conſolez-vous, cela pourra revenir ; j'en ai vu d'aussi fous que vous . . . .

DORVILLE.

Entendons-nous, mon frere. Vous dites qu'en bonne police on devroit renfermer ces querelleurs ; j'en conviens avec vous : que trouvez-vous d'extravagant en cela ?

DUNCAN.

Qu'y pourrois-je trouver ? Voilà deux gens qui, pour s'insulter, se traitent d'amis zélés & d'hommes reconnoissans ; & vous ajoutez, *s'ils sont tels, il faut les renfermer*. Oh ! tout cela est sans doute fort sensé.

DORVILLE.

Je voyois bien que nous ne nous entendions pas. Ainsi, Monsieur Duncan, depuis que vous êtes parmi nous, examinant nos figures & nos mœurs, vous n'avez pas encore appris que nous regardons les liaiſons particulieres & l'amitié, comme des peſtes dans la République.

DUNCAN.

A dire vrai, je pourrois bien avoir tort. J'ai vu & entendu ici tant de choſes extraordinaires, & directement oppoſées à l'opinion générale & au ſens commun, que je devois bien penſer que l'amitié ſi reſpectée & ſi reſpectable par-tout ailleurs, ſeroit ici en diſcrédit & de nulle eſtime.

DORVILLE.

Un peu plus de douceur, Monſieur Duncan, & ne penſez pas que nous regardions l'amitié priſe en elle-même, comme quelque choſe de reprochable. Nous reſpectons trop les liens qui peuvent unir les hommes entr'eux, leur aſſurer des ſecours mutuels, & adoucir les peines inséparables de l'humanité. Où rien ne peut suppléer aux ressources de l'amitié, là nous la croyons nécessaire & digne des belles ames : mais ici d'autres liens nous unissent, & ces liens ne pourroient être qu'affoiblis par l'amitié ; nous la rejettons avec justice. Ainsi ces liaisons si étroites, ce commerce si agréable, cette tendre sollicitude, ces doux épanchemens des plus secrettes pensées, tout cela est fort louable en Europe, & très-blâmable ici. En Europe, formez prudemment des liaisons particulieres, & soyez ami fidéle ; c'est une vertu. Ici, point de liaisons particulieres, ni d'amitié ; c'est un crime.

DUNCAN.

Ce que vous dites-là peut être raisonnable, mais certainement n'est pas clair. Voudriez-vous bien me développer cette énigme, & m'expliquer comment les hommes qui cherchent à vivre dans la paix & l'union, peuvent ſe faire un crime de l'amitié ?

DORVILLE.

Dans votre pays, chacun ſeme pour ſoi, moiſſonne pour ſoi, ne s'occupe que de ſoi. Le bien public préſente une idée vague des devoirs que l'on doit à la collection de tous les citoyens, & n'emporte point l'idée des ſecours que l'on doit à chaque particulier. Il eſt bon que l'on cultive ce qu'on appelle amitié ; il eſt bon qu'elle multiplie les liaiſons particulieres ; il eſt bon que ſes liens ſoient reſpectés, & ſes loix appellées ſaintes. Sans elle, à qui auroit recours le citoyen dans ſes beſoins les plus preſſans ? Souvent ceux qu'il appelloit ſes amis, l'abandonnent, que feront les autres ? Mais ici, c'eſt à la République à remplir les beſoins de chaque particulier : on ne doit donc s'occuper qu'à mettre la République en état d'y pourvoir. L'un n'a pas plus de bien que l'autre ; rien n'est à personne ; tout est à tous : on n'a donc pas plus de secours à se promettre de celui-ci, que de celui-là ; les liaisons particulieres deviennent donc inutiles, & ne peuvent soulager le citoyen : il y a plus, elles sont nuisibles. Nous n'avons qu'une mere, qui est la République ; nous sommes tous freres, & ne faisons qu'une famille ; & pour le bien d'une famille, il faut que ceux qui la composent s'aiment également. Dans une société où des liaisons particulieres forment d'autres petites sociétés, les intérêts se divisent, & bientôt la jalousie, le mécontentement, la cabale & la haine y jettent le trouble & les malheurs qui le suivent. Chacun de nous travaille pour tous les autres ; c'est la loi. Il faut donc les aimer tous, afin de trouver de la douceur dans les peines que nous nous donnons pour eux. Mais, comme le cœur humain n'a qu'une meſure d'attachement, ce que nous en donnons de plus à quelques citoyens, nous l'ôtons à la totalité; & ſi nous donnons tout notre attachement à quelques particuliers, il ne nous reſte pour les autres qu'un intérêt vague & de nul effet. Jugez-en par vous-même & par vos compatriotes : votre amitié ne va-t-elle pas toujours en diminuant, de vos enfans à vos amis, de vos amis à vos parens, de vos parens à vos connoiſſances, où elle s'éteint preſque totalement ? Qu'en reſte-t-il pour ceux qui ne ſont que vos concitoyens ? Que feriez-vous pour eux, & que ne feriez-vous pas pour un ami ? Ainſi notre conſtitution qui ſe propoſe de lier intimement chaque citoyen à tous les autres, ne peut ſe diſpenſer de rejetter l'amitié, & de la regarder comme un foible du côté du cœur, & un vice à l'égard de la ſociété.

DUNCAN.

A ce que je vois, vous pouvez justifier tellement quellement votre aversion pour l'amitié. Mais comment justifierez-vous l'ingratitude, peut-être le plus odieux de tous les vices? C'est où je vous attends.

DORVILLE.

Pour rendre suspecte la reconnoissance, & nous la faire regarder comme contraire aux bonnes mœurs, il suffiroit de considérer que c'est une des sources des liaisons particulieres & de l'amitié : mais nous avons encore d'autres raisons. La République nous reçoit dès le berceau, prend soin de notre enfance & de notre éducation, & tant que nous existons, pourvoit à tous nos besoins. C'est donc à la République que nous devons toute notre reconnoissance : nous ne la devons point à la nourrice qui nous a donné le lait, au maître qui nous donne des leçons, au citoyen qui nous délivre d'un péril; mais à la République, qui nous a donné une nourrice, un maître, un concitoyen officieux. Nous sommes bien éloignés d'exiger qu'on oublie un bienfait; nous voulons au contraire qu'on s'en souvienne toujours, non pour chérir particuliérement la main de laquelle nous le tenons, mais pour chérir plus que jamais la République qui nous a présenté cette main. Ainsi nous n'anéantissons pas la reconnoissance; nous lui donnons seulement un autre objet, & d'autant supérieur à celui que vous lui proposez, qu'il est plus vaste, & qu'il embrasse tous les citoyens. Il y a plus, les services sont également, & peut-être plus récompensés dans nos mœurs, que dans les vôtres. Car si celui que j'oblige partage sa reconnoissance & l'étend à tous les citoyens, ces citoyens, obligés par d'autres, partageront auſſi leur reconnoiſſance, & l'étendront juſqu'à moi. Ce que j'aurois reçu en totalité d'un ſeul, je le reçois de tous en détail.

DUNCAN.

Peut-être n'y a-t-il guère de ſolidité dans tout ce que vous dites; au moins y a-t-il quelque choſe de bien ſpécieux. Mais, je vous prie, éclairciſſez-moi ſur un point. Chez nous, où l'amitié eſt ſi vantée & ſi utile, nous n'avons preſque point d'amis. En trouver un, c'eſt trouver un tréſor. Chez vous où l'on crie tant contre l'amitié, comment vous en trouvez-vous ?

DORVILLE.

Nous nous plaignons auſſi, & non ſans raiſon. Nos mœurs ſe corrompent viſiblement. Les liaiſons particulieres ſe multiplient de jour en jour, & l'amitié lie chacun des citoyens à un autre. Chez vous, le refroidiſſement ſur le bien public & la rareté des amis, annoncent le déclin d'un état : chez nous, le refroidiſſement ſur le bien public & la multiplicité des amitiés, annoncent la décadence des mœurs & la chûte de la République.

CHAPITRE V.

Histoire d'Almont. Il fuit sa patrie, & s'embarque. Son vaisseau menace de couler à fond. Il se lie au mât, pour plus de sûreté, & l'instant d'après est englouti.

ICI Duncan juge à propos de raconter quelle a été l'origine des Galligènes. Des choses qu'on va lire, il en a vu plusieurs, & garantit celles-là. Moi qui ne suis pas moins prudent que Duncan, & qui n'ai rien vu, je ne garantis rien du tout.

ALMONT, victime d'une querelle de religion, fuyoit la France, sa patrie, & la persécution de quelques compatriotes, dont le zéle s'acharnoit à le perdre. Sa propre infortune le touchoit peu; mais une épouse vertueuse, une fille âgée de quinze mois, un fils âgé de deux ans, partageoient ses malheurs,

& fuyoient avec lui : pere tendre, époux fidéle & affectionné, leur sort le pénétroit de douleur. Il s'étoit embarqué avec eux, & alloit chercher le repos auprès d'un frere richement établi dans un climat fort éloigné. Sa navigation fut heureuse pendant trois mois ; mais la fortune, qui sembloit l'avoir oublié, lui préparoit des malheurs plus grands qu'il n'en eut essuyé. Vers le commencement du quatriéme mois, la femme d'Almont mourut ; & ce fut le premier signal des infortunes qui l'attendoient. Peu de tems après, le vent, changé & devenu impétueux au point de n'y pouvoir plus résister, emporta le navire, pendant quinze jours, loin de sa route, dans une mer vaste que les navigateurs ne fréquenterent jamais.

A cette tempête en succéda une autre beaucoup plus dangereuse. Le vent tomba, le ciel étoit sans nuages, aucune vague ne ridoit la surface des eaux, lorſqu'on entendit tout-à-coup un bruit ſourd, aſſez ſemblable à celui du tonnerre qui gronde dans le lointain. A l'inſtant l'air s'obſcurcit, ſans pourtant ſe troubler; la mer commença à bouillonner de toute part; des vagues ſans nombre ſe portoient impétueuſement en tout-ſens, &, groſſiſſant peu à peu, formerent enfin des collines d'eau qui s'élevoient de tous côtés, ſe précipitoient les unes ſur les autres, & ſe briſoient avec un horrible fracas. Le navire ne réſiſta pas long-tems aux chocs violens qu'il eſſuyoit. La charpente lâchée en pluſieurs endroits, ouvrit des voies à l'eau qui pénétra de tous côtés. Alors les matelots, perdant tout eſpoir, abandonnerent la manœuvre, & n'attendirent plus que l'inſtant où le vaiſſeau alloit couler à fond. Egarés dans une mer immenſe, & preſque ſûrs qu'aucune terre ne leur offriroit un refuge, que pouvoit leur ſervir de ſe jetter à la mer, & de lutter quelque tems contre les flots ? On se persuade toujours qu'un heureux hazard peut nous arracher au péril le plus éminent ; & la derniere chose qui s'éteigne dans le cœur humain, c'est l'espoir. Matelots & passagers, tous se disposerent à se jetter à la nage : » Prolongeons, di- » soient-ils, notre vie autant que nous » pouvons, & donnons à la fortune le » tems de nous mettre en sûreté «.

Le seul Almont ne prit point ce parti. Chacun des autres ne s'occupoit que de lui-même ; & dans la douleur que leur causoit le souvenir de leur famille & de leurs amis, au moins avoient-ils la consolation de penser que ceux qu'ils regrettoient n'étoient pas exposés au même danger. Mais ce qui restoit de plus cher au malheureux Almont, éprouvoit le même sort que lui. Ses enfans étoient sous ses yeux ; il leur donnoit les derniers embrassemens, &

les arrosoit de ses larmes. Le plus âgé répondoit à sa tendresse d'une manière d'autant plus touchante, que, hors d'état de connoître le péril, il mêloit à ses caresses une sérénité qui perçoit le cœur de l'infortuné Almont. A quoi se résoudre ? Se chargera-t-il de ses deux enfans, & se jettera-t-il à la mer comme les autres ? Mais ce cher fardeau, en lui ôtant la liberté des mouvemens, l'empêcheroit de nager ; il faudroit périr avec lui. Les abandonnera-t-il dans le vaisseau qui va s'ensevelir sous les eaux ? Essayera-t-il de se sauver seul ? Mais l'image de ses enfans abandonnés, engloutis & suffoqués, est pour lui mille fois plus cruelle que la mort. Il ne peut se sauver avec eux ; il ne veut pas se sauver sans eux. Sans mouvement & le regard fixe, il resta un instant comme tranquille, car rien ne ressemble tant à l'insensibilité, que l'extrême accablement, & comme se réveillant d'un aſſoupiſſement : » Enfin, dit-il, voici » le terme que la Providence a preſcrit » à mes infortunes : elle finit les mal- » heurs du pere, & prévient ceux des » enfans. Innocentes victimes, pour- » quoi m'attendrir ſur votre ſort ? Nés » dans le ſein de l'adverſité, quels » biens auriez-vous à eſpérer ? La for- » tune acharnée contre moi, m'auroit » encore pourſuivi dans vous. Termi- » nons une vie conſumée par moi dans » l'amertume, & commencée par vous » ſous de ſi malheureux auſpices. Quand » on eſt ainſi né, le meilleur eſt de » mourir au plutôt «. En diſant ces paroles, il plaça ſes enfans ſur ſon ſein, s'enveloppa avec eux dans ſon manteau, &, afin que la mort même ne pût les ſéparer, il ſe fit lier au pied d'un mât, par un matelot qui, malgré ſon propre malheur, trouvoit encore des larmes pour pleurer celui d'Almont. Ainſi ce pere tendre préféra la douceur de mourir dans les embrassemens de ses enfans, à l'espoir qu'il pouvoit, comme les autres, conserver, de sauver sa vie.

Cependant le moment fatal approche, l'eau gagne de plus en plus, les gémissemens & les cris redoublent, le navire, hors d'équilibre, plonge & s'ensevelit.

CHAPITRE VI.

ALMONT sort du fond de la mer, accompagné d'une isle.

ALMONT ne peut dire combien de tems il resta sous les eaux; il perdit bientôt connoissance. En reprenant ses sens, il vit avec étonnement qu'il n'étoit plus au fond de la mer, mais en plein air. Cet étonnement fit place à une passion plus forte : l'aîné de ses enfans pleuroit amerement, & sa fille étoit sans mouvement. Il perdit de vûe tout autre objet; & prenant entre ses bras cet enfant qu'il croyoit mort, il ne vit point sur son visage ces traits tristement défigurés qui annoncent une destruction irrémédiable. Il lui entrouvrit la bouche, & y appliquant la sienne, son souffle souleva à différentes reprises la poitrine de l'enfant, qui ensuite s'abaissoit d'elle-même. Ce mouvement répété remit peu à peu le sang en mouvement, & bientôt des pleurs & des cris lui annoncerent qu'il avoit rendu la vie à sa fille. Alors le pere mêlant ses larmes avec celles de ses enfans, les pressa sur son sein, & tâchoit de leur faire passer le peu de chaleur & de vie qui lui restoient. Enfin leurs forces se rétablirent peu à peu, le sang reprit ses routes ordinaires, & leurs esprits se calmerent.

Ce fut alors qu'Almont jetta les yeux autour de lui, & n'apperçut que quelques piéces de roches où le navire s'étoit engagé; à quelques pas de-là, des plantes extraordinaires, & dans le lointain, une plaine que ses yeux ne pouvoient suivre jusqu'à son extrémité. Le vaisseau, tout maltraité qu'il étoit, ne s'étoit pas entiérement brisé, & gardoit encore sa forme : il le quitta pour reconnoître le pays. Les eaux que différentes profondeurs avoient retenues, étoient ſalées ; les plantes qu'il appercevoit de toutes parts, étoient des plantes marines ; à chaque pas il rencontroit des poiſſons, ou morts, ou expirans. Son étonnement redoubla ; & ce ne fut qu'après bien des réflexions, qu'il conçut enfin comment il étoit ſorti du fond des eaux, & ſe trouvoit dans une iſle.

L'ouragan qu'il avoit eſſuyé, n'avoit point été cauſé par une tempête ordinaire. Les vents les plus impétueux ne mettent en mouvement que la ſuperficie des eaux ; ici la mer s'étoit ſoulevée juſques dans ſes profondeurs ; les fonds s'étoient ébranlés, & leurs ſecouſſes portant les eaux en ſens contraires, avoient formé ces collines liquides qui ſe heurtoient & ſe briſoient avec tant de fracas. Une ſecouſſe plus forte que les autres, avoit détaché & élevé au-deſſus des eaux un terrein de plusieurs lieues d'étendue ; & dans le déplacement confus des matériaux, le hazard avoit fourni à ce terrein des fondemens assez solides pour qu'il restât au-dessus du niveau de la mer. C'est ainsi qu'un tremblement de terre avoit sauvé Almont, & en même tems lui avoit formé une habitation.

CHAPITRE

CHAPITRE VII.

Belle économie d'Almont. Il seme; il plante; met des œufs à couver, & fait des réflexions morales très-profondes.

ALMONT retira du navire, seule ressource qui lui restoit, les matériaux & les outils dont il avoit besoin, & se bâtit une cabane de planches. Il en retira aussi quelques vivres à moitié corrompus par l'eau de la mer. De poissons & de coquillage, il n'y en avoit presque point encore autour de cette nouvelle terre. Les jours suivans, il fit le tour de son habitation, & vit que c'étoit une isle. Il fit quelques observations astronomiques, & fixa sa position. Enfin il parcourut l'intérieur, examinant les ressources qu'on en pouvoit tirer. Le résultat de ses recherches fut, premiérement, qu'il se trouvoit au milieu d'une mer vaſte, dans une iſle jettée loin de la route des navigateurs, & qu'il n'y avoit nulle apparence que perſonne vînt le délivrer ; ſecondement, que toute l'iſle étoit ſablonneuſe, & conſéquemment décidée ſtérile ; troiſiémement, qu'il ne s'y trouvoit pas un ſeul ruiſſeau, une ſeule ſource d'eau douce : trois obſervations après leſquelles il ne reſtoit qu'à mourir. Almont n'en fit pourtant rien.

Quelques jours après, en cheminant dans cette iſle qu'il regardoit moins comme ſon habitation, que comme ſon tombeau, il apperçut, dans un endroit où les terres s'étoient éboulées, les différentes couches qui formoient le ſol. La premiere, qui étoit de ſable, avoit un demi-pied de hauteur, & couvroit tout le territoire de l'iſle ; celle de deſſous étoit d'une terre franche, & promettoit la plus grande fécondité. A l'inſtant il s'éloigne, fouille en divers endroits, & trouve par-tout la même chose : un mineur qui, après un travail opiniâtre, retrouve enfin la veine qu'il avoit perdue, n'est pas saisi d'une joie si vive. Almont courut avec empressement au navire, &, jettant un coup-d'œil de mépris & d'indignation sur les riches marchandises dont il étoit chargé, sur cet or & cet argent si estimés, & qui lui étoient si inutiles, il chercha des richesses plus réelles. Il passa plusieurs jours dans les perquisitions les plus exactes ; & trouva les trésors dont l'Historien nous laisse la liste suivante. *Une grappe de raisin, quatre pommes & deux poires flétries & presque entiérement desséchées. Dix noyaux de différens fruits, trouvés dans la chambre du Capitaine. Deux noix, deux marons & six noisettes, trouvées dans les poches d'un habit de matelot. Beaucoup de menues graines tirées d'un mauvais foin qui avoit servi à des emballages. Une poignée de différens bleds, engagés entre des planches mal unies en différens endroits du navire. Un cornet de papier plein de toutes sortes de graines de légumes & de fleurs, trouvé dans la cassette d'un passager. Une grande pannerée d'œufs de différentes volailles, dont trois douzaines se trouverent sains & entiers.* Voilà les richesses d'Almont; richesses immenses qui dans la suite couvrirent l'isle & nourrirent un peuple.

Il confia ses graines à la terre, après avoir pris toutes les précautions qu'il put imaginer. Quant aux œufs, il les fit éclore suivant la méthode de M. de Réaumur; & c'est la premiere fois qu'un François l'ait employée utilement. Les grains répondirent au-delà de ses vœux, & ses volatiles prospérerent assez pour en pourvoir l'isle. Trois mois n'étoient pas écoulés, qu'il commença à jouir du fruit de ses travaux. Des légumes fraîches & salubres revivifierent son sang & celui de ses enfans qui de jour en jour dépérissoient : leur santé se fortifia peu à peu, & celle d'Almont fut bientôt rétablie.

Almont étoit pourvu des choses de premiere nécessité : son isle ne lui fournissoit point d'eau, mais il espéroit que les pluies y suppléeroient abondamment ; il commença d'être un peu plus tranquille sur son sort & celui de ses enfans. Jusqu'alors il avoit été plongé dans une continuelle mélancolie. Ses malheurs lui étoient toujours présens ; & l'idée de ce qu'il avoit perdu, lui causoit un chagrin qui étouffoit la joie que les avantages qui lui restoient eussent dû lui causer. » Les hommes sont » donc ainsi faits, disoit-il ; la priva- » tion de ce qu'ils n'ont pas, corrompt » le plaisir dont ils jouissent. Ce qui est » à nous, est vil à nos yeux ; ce qui » nous manque, paroît seul digne de » considération, &, comme le reste, » s'avilit dès que nous en jouissons.

» Notre raiſon ne ſçauroit mettre un » juſte prix aux choſes, & l'expérience, » qui tous les jours nous inſtruit, ne » peut ni convaincre, ni corriger. Quelle » conduite eſt la mienne? Je me nour- » ris d'amertume, en réfléchiſſant per- » pétuellement ſur les infortunes que » j'ai eſſuyées; & rien de ce qui m'en- » vironne maintenant, n'eſt capable de » faire renaître la ſérénité dans mon » ame. Les forces croiſſent à propor- » tion qu'on en uſe: eſſayons de ſor- » tir de cette langueur qui retient mes » ſens dans les glaces de la mélanco- » lie. Si je ne puis être ſage au point » de faire mon bonheur, ſoyons-le du » moins aſſez pour n'être pas malheu- » reux «.

Les efforts d'Almont ne furent point infructueux; le calme ſe rétablit peu à peu dans ſon eſprit, &, dès ce moment, ſa triſteſſe, comme une maladie parvenue à ſon plus haut point, ſe diſſipa par degrés. Il attribua ſa guériſon à la ſageſſe de ſes réflexions; mais le tems, ſa ſanté rétablie, ſon ſang humecté & rafraîchi, y contribuerent peut-être encore plus.

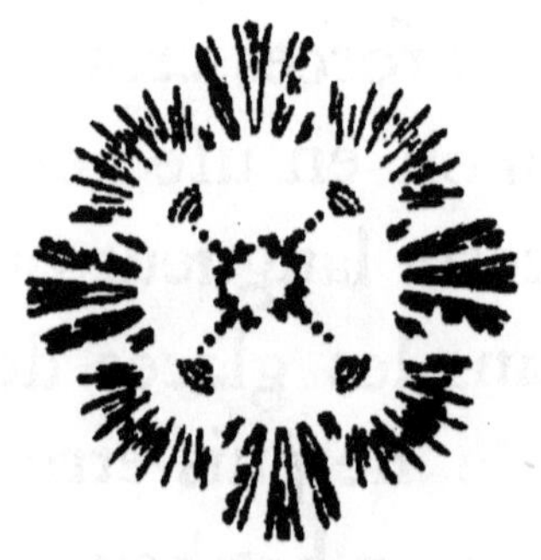

CHAPITRE VIII.

Soucis d'Almont, qui ne trouva pas une goutte d'eau à boire. Il court après un brouillard. Arbre ſingulier. Duncan le décrit, n'en déſigne ni le genre, ni l'eſpéce, & fait de belles phraſes dont les Naturaliſtes lui ſçauront peu de gré.

CEPENDANT le tems n'amenoit point les pluies qu'avoit attendues Almont. L'eau que le navire lui avoit fournie, commençoit à lui manquer, & ce qui lui reſtoit, tendoit à la corruption. Il voulut s'aſſurer ſi la terre ne renfermeroit point quelque veine cachée de cette eau tant deſirée. Avec des peines incroyables, il creuſa dans les endroits qui lui parurent les plus propres à en contenir. Pluſieurs mois ſe paſſerent dans cette ſollicitude & ces travaux: peines inutiles; il ne trouva que de l'eau ſalée, ou amere, ou d'un goût rebutant. Déſeſpérant de trouver ce qu'il cherchoit, toutes les extrémités où le réduiroit la diſette d'eau, ſe préſenterent à ſon imagination, qui les groſſit encore; il ne crut plus pouvoir ſubſiſter dans ſon iſle, & n'eut plus devant les yeux, que les beſoins, la langueur, & même la mort dont il étoit menacé.

Un jour d'été, le ſoleil, deux heures après ſon lever, commençant à échauffer l'air, Almont, que la triſteſſe avoit retenu dans ſa cabane, en ſortit, &, jettant les yeux ſur ſon habitation aride, il apperçut, à près de trois lieues de lui, ſur le bord de la mer, un brouillard épais qui lui parut ſortir de terre, & prendre de l'étendue dans l'atmoſphere, à meſure qu'il s'élevoit. Surpris & réjoui d'un phénomene qui ſembloit lui promettre de l'eau douce, il marcha vers cet endroit : mais à proportion qu'il avançoit, le brouillard devenoit moins ſenſible ; & quand il fut ſur le lieu même, il n'en apperçut plus du tout.

En cet endroit, la mer forme un golphe d'une lieue de large. L'eau n'y monte qu'à peu de hauteur, & les plus bas fonds ne ſont pas à quatre pieds de profondeur. Mais ces fonds, formés de ſables, de fragmens de coquilles, de terres limoneuſes, s'imbibent aiſément, de ſorte qu'autant que l'eau ſurmonte ces fonds, autant elle les pénetre. Les plantes qu'Almont, vers l'origine de l'iſle, avoit obſervées dans ce golphe, dès-lors ſurmontoient l'eau de pluſieurs pieds. Depuis elles s'étoient élevées conſidérablement, mais ne reſſembloient plus à ce qu'elles avoient été. Dès qu'elles furent expoſées à l'air, les anciennes feuilles, qui avoient pris leur naiſſance & leur accroiſſement au fond des eaux, n'étant plus environnées du même élément, moururent ; & le tronc en avoit jetté de nouvelles & d'une autre forme. Ces plantes, distribuées d'endroit en endroit, par touffes, sembloient de jeunes arbres pleins de vigueur, & paroissoient regorger de suc. C'est tout ce qu'Almont observa sur le lieu : il ne voyoit point d'où avoit pu procéder le brouillard qui faisoit l'objet de ses recherches. Il prit le parti de rester & d'attendre le serein, dans l'espoir que ce brouillard se renouvelleroit. Il s'assit à l'extrémité d'une petite langue de terre qui s'avançoit dans le golphe, & passa le reste du jour sous une touffe formée par ces plantes déja assez grandes pour le protéger de leur ombre.

Il ne se trompa point : la fraîcheur qui succéda au coucher du soleil, fit reparoître les vapeurs ; mais il ne fut pas plus instruit sur leur origine. Tandis qu'il méditoit profondément sur ce phénomene extraordinaire, le brouillard, qui s'étoit épaissi peu à peu, se dissipa de même, de maniere qu'à l'entrée de la nuit, il n'en restoit aucun vestige. Au même instant, Almont sentit tomber quelques gouttes d'eau sur lui; il observa en même tems qu'il n'en tomboit point aux environs, mais seulement au-dessous des arbrisseaux sous lesquels il s'étoit mis à couvert. Surpris, il se leva, & porta la main aux feuilles qui se trouverent à sa portée; elles étoient toutes mouillées. Il goûta cette liqueur, & trouva que c'étoit de l'eau pure, sans la moindre saveur.

Ainsi les arbres du golphe pompoient l'eau de la mer, la filtroient abondamment, & la rendoient potable. Dans le cours de la journée, la chaleur réduit l'eau filtrée en vapeurs déliées, inappercevables; vers le soir, la fraîcheur condense ces vapeurs, & les rend visibles; pendant la nuit, le froid augmente; il se fait peu d'évaporation & point de brouillard; l'eau filtrée par les pores des feuilles, se rassemble sur ces feuilles mêmes, forme des gouttes, & tombe : on peut alors présenter des vases aux arbres filtrans, & recevoir l'eau qui découle. C'est ainsi qu'Almont découvrit, avec une joie qu'on ne peut exprimer, les sources d'eau vive qui devoient le désaltérer, lui & sa race future.

Almont ne connut pas d'abord tout le prix de la découverte qu'il venoit de faire. Peu de tems après, le Verseau (c'est ainsi qu'il nomma cet arbre singulier) donna des fleurs ; ces fleurs donnerent des fruits ; ces fruits, de l'huile contenue dans une pulpe, & au milieu de cette pulpe, une coque divisée en cellules pleines de petites semences farineuses. En même tems il se forma sur le pédicule des feuilles, de petites excrescences de la forme d'une figue, couvertes d'une pellicule assez mince, mais impénétrable à l'eau, & remplies d'une eſpéce de gomme ſaline : de maniere qu'en filtrant l'eau de la mer, le Verſeau la décompoſe en quelque ſorte, & préſente à part chacun de ſes principes ; l'eau coule des feuilles, le ſel s'accumule dans la gomme, les parties huileuſes & bitumineuſes ſe logent dans la pulpe.

Un ſeul arbre donne du pain, de l'huile, du ſel, de l'eau, & ſeul peut ſuffire à la nourriture de l'homme. Mais ce n'eſt pas-là le plus merveilleux : la gomme ſaline s'unit à l'eau & à l'huile, & forme avec elles une liqueur tranſparente, nourriſſante, ſinguliérement agréable à l'œil & au goût, & ſi parfaitement combinée, que rien ne peut la décompoſer. Duncan ne ſe ſouvient pas d'avoir bu aucune liqueur rafraîchiſſante qu'on puiſſe mettre en paralléle.

Si jamais nous pouvons joindre nos freres les Galligènes, nous ferons bien d'acheter d'eux pour rien, & de vendre en Europe très-cher, cette admirable gomme. Il ne ſera pas difficile de la mettre en crédit parmi nous : on ſçait comme nous donnons dans tout ce qu'on veut. On pourroit, par exemple, prendre quelques arrangemens avec la Faculté : les Médecins mettroient la gomme ſaline ſous leur protection, & bientôt elle fortifieroit l'eſtomac, raſſureroit la tête, diſſiperoit les vapeurs; que ſçais-je moi. Par curioſité, par fantaiſie, par mode, chacun s'empreſſera de s'en pourvoir. Bientôt l'habitude en feroit un beſoin; & à proportion qu'elle deviendroit néceſſaire, à proportion on en augmenteroit le prix. Quelle nouvelle ſource pour la Finance ! Mais c'eſt trop inſiſter ſur des réflexions que nos gens à projets feront bien ſans moi, & avec bien plus de ſagacité : je reviens aux Galligènes.

Dans la ſuite, les fils d'Almont couvrirent d'une voûte ſpacieuſe, preſque toute l'étendue du golphe. Cette voûte forme en-dehors une plate-forme, &, d'eſpace en eſpace, eſt percée de trous ronds à peu près d'un pied de diamétre. Le verſeau qui naît & végete au-deſſous, ſe courbe quand il atteint la voûte, & rampe juſqu'à ce qu'il rencontre une de ces ouvertures, par laquelle il paſſe, s'éleve & ſe déploie en plein air. La plate-forme eſt tellement diſpoſée, que les gouttes qui tombent du verſeau, s'y raſſemblent par petites veines, qui, par leur réunion, forment un ruiſſeau aſſez conſidérable. C'eſt ce ruiſſeau qui traverſe la ville, comme nous l'avons dit, & fournit aux beſoins des Galligènes.

CHAPITRE IX.

Le fils & la fille d'Almont se disent des douceurs qui les menent un peu loin.

ALMONT s'accoutumoit à sa solitude. Le tems s'écouloit insensiblement, & les années ne lui parurent pas plus longues qu'en Europe. Ses enfans croissoient sous ses yeux ; & le plaisir de les voir, lui tenoit lieu de tout autre. Enfin ils toucherent au printems de l'âge. La nature ornoit Almontine (c'étoit le nom de sa fille) de ces graces touchantes destinées à inspirer les tendres sentimens, & disposoit son cœur à recevoir les mêmes impressions. Telle une fleur long-tems cachée sous les enveloppes de son calice, se dégage peu à peu, &, pénétrée d'une chaleur vivifiante, s'épanouit, & étale toute sa beauté.

Almont avoit plusieurs fois réfléchi sur cet objet : il n'ignoroit pas que le frere & la sœur ne se verroient pas toujours d'un œil tranquille, & ne sçavoit comment se comporter à cet égard. » Hors de la société, se disoit-il à lui-» même, leur prescrirai-je ce que la » société exige ? Si je pouvois détour-» ner leurs desirs, & les fixer sur un » autre objet, je ne balancerois pas un » instant ; mais ne pouvant leur donner » un autre cours, il faut les éteindre. » Que dis-je, les éteindre ? Est-il en » mon pouvoir ? Si je puis seulement » les engager à les vaincre : mais, si » l'amour doit les enflammer, mes soins » seront inutiles ; mes précautions mê-» me pourroient être dangereuses «. Almont prit donc le parti de fermer les yeux sur la conduite du frere & de la sœur.

Almontine, toujours aux côtés d'un frere dont elle étoit aimée tendrement, ne le chérissoit pas moins : elle n'avoit de plaisirs, que ceux qu'elle partageoit avec lui ; & si la mort l'eût enlevé, elle n'auroit pu survivre. Quel nouveau nœud pouvoit encore resserrer un tel attachement ? L'amour ; ce sentiment flateur, ce charme puissant, ce penchant impérieux, maître de tous les autres qu'il absorbe, ou dont il tient lieu.

Almontin, son frere, jouissoit encore de toute la tranquillité de l'enfance, lorsque sa sœur ressentit les premieres atteintes de l'amour. Elle ne le vit plus sans émotion. Presque sans cesse elle fixoit sur lui des regards tendres, qu'elle n'en détournoit qu'en soupirant. Agitée, inquiéte, troublée par un mélange de peine & de plaisir qu'elle ne pouvoit concevoir, elle perdit cette gaieté vive de l'enfance, & tomba dans une douce mélancolie qui peut-être ne la valoit pas. » Almontin, cher Al-

» montin, m'aimes-tu toujours, disoit-
» elle quelquefois ? Toujours avec la
» même tendresse, répondoit-il. Et
» c'est de quoi je me plains, reprenoit
» vivement sa sœur. Je t'aimai long-
» tems comme tu m'aimes : mais au-
» jourd'hui mon attachement croît ; je
» voudrois que le tien augmentât de
» même. Cet attachement que j'avois
» pour toi, je crois plutôt que je ne l'ai
» plus : un autre bien différent, & in-
» finiment plus touchant, a succédé ;
» un charme que je ne puis compren-
» dre, te rend, à mes yeux, tout au-
» tre que tu n'étois. Que ne puis-je
» t'expliquer tout ce qui se passe dans
» mon cœur ; mais je ne le conçois pas
» moi-même : que ne puis-je plutôt te
» le communiquer, & t'inspirer tout
» ce que tu m'inspires ! Mais non : com-
» me un jeune arbre planté & cultivé
» des mains d'Almont, ta beauté croît
» de jour en jour, & ma tendresse croît

» à proportion : chez toi l'âge ne fait » rien en ma faveur ; ton attachement, » qui reste toujours au même point, ne » le prouve que trop «. Almontin ne répondoit à ces tendres reproches, que par d'innocentes caresses, qui, loin de porter le calme dans le cœur d'Almontine, ne faisoient qu'en augmenter le trouble.

Le frere ne tarda pas à partager les sentimens de la sœur ; le même feu se glissa dans ses veines ; le même charme se répandit sur ses sens : Almontine fut pour lui ce qu'il étoit pour elle. Atteints d'une ardeur dont ils ignoroient la nature, inquiétés par des desirs dont ils ne voyoient pas le but, ils languissoient tout près de la volupté, entre les plaisirs & les peines. Quelquefois, en comparant leur ancien attachement à la passion dont ils étoient agités, ils regrettoient le repos dont ils avoient joui ; mais ils aimoient leur trouble actuel. » Si nous ne ressentions » que des peines, disoient-ils, nous fe» rions nos efforts pour vaincre nos pen» chans : mais pourrions-nous nous pri» ver du plaisir de nous aimer? Tant de » douceur peut-elle être mêlée d'amer» tume « ?

Enfin la nature ou le hazard éclaira ces amans. Almont devint grand-pere, & ne sçut s'il devoit s'en applaudir, ou s'en affliger. D'un côté, l'image de la population future de son isle, le flattoit; d'un autre côté, l'origine des insulaires le chagrinoit. Il ne put cependant résister long-tems à la joie de donner à son isle, des habitans dont il se promettoit de faire le bonheur, par un sage gouvernement; &, tant les sentimens des hommes sont variables, luimême, dans la suite, autorisa, par ses loix, ce qu'il n'avoit pu voir d'abord qu'avec répugnance.

CHAPITRE X.

La famille d'Almont est menacée d'une nudité générale. Après bien des perquisitions inutiles, il fait un faux pas, tombe, & trouve ce qu'il cherchoit. Description d'une plante aérienne. Etoffes qui rajeunissent à l'usé.

LA famille d'Almont augmentoit d'année en année, & les soins paternels croissoient à proportion. Du côté des alimens, l'isle étoit suffisamment pourvue; mais du côté des vêtemens, tout manquoit. Parmi les semences dont il avoit tiré un parti si avantageux, il ne s'en trouva pas une de lin. Un grain unique de chanvre, semé & suivi avec soin, avoit donné une plante vigoureuse, mais une plante femelle qui, n'étant pas atteinte des émanations fécondes du mâle, ne fournit que des semences mortes qui ne produisirent rien. Il n'y avoit pas un seul quadrupede dans toute l'isle, & conséquemment point de laine, point de peaux dont on pût se revêtir. Aimont avoit fait des essais sur l'écorce d'un grand nombre d'arbres & d'arbrisseaux, & n'en avoit pu tirer parti. Cependant le magasin d'étoffes tirées du navire, distribuées avec économie, & ménagées avec tout le soin possible, commençoit à s'épuiser : la famille d'Almont étoit menacée d'une nudité générale & prochaine. Il résolut de parcourir de nouveau toute son habitation, & d'y faire une derniere recherche. Lorsque l'isle sortit des eaux, elle étoit couverte de plantes : la plûpart périrent, n'ayant plus d'eau qui les environnât & les nourrît; quelques-unes tirerent leur nourriture de la terre, &, de marines qu'elles avoient été, devinrent maritimes. Ces plantes avoient multiplié, & couvroient tous les endroits

droits de l'isle qui n'étoient pas cultivés, sur-tout ceux qui se trouvoient à peu de distance de la mer. C'étoit parmi toutes ces plantes, que notre pere de famille en cherchoit qu'il pût substituer au lin & au chanvre. Ses perquisitions durerent plusieurs jours, & furent inutiles. Il désespéra de trouver ce qu'il cherchoit ; &, pénétré de chagrin, il reprenoit le chemin de sa cabane, lorsque son pied, engagé dans une sorte de mousse très-déliée, mais très-forte, lui fit faire un faux pas : il perdit l'équilibre, & tomba assez rudement. A peine relevé, il porta les yeux sur ce qui l'avoit arrêté avec tant de force, & vit que c'étoit une plante formée d'un assemblage de filets plus minces, plus legers & plus forts que la soie : c'étoit un lin aërien. Il s'éléve dans l'air, & flote au gré des vents. Telles, sous les eaux de la mer, ces plantes, ornées de différentes couleurs, & composées de filamens presque imperceptibles, sans force dans leur tige, sans roideur dans leurs parties, se soutiennent à la faveur de l'eau, & s'agitent au gré des flots. Heureuse chûte, dit-il, qui me fait découvrir ce que je cherche depuis si long-tems ! Il apperçut autour de lui, de côté & d'autre, quelques touffes de la même plante : mais à peine eut-il fait cinquante pas, qu'il n'en trouva plus du tout. Il n'en chercha point ailleurs; il lui tardoit d'annoncer à ses enfans cette heureuse découverte. Il se rendit auprès d'eux, & leur montra quelques échantillons de la plante aërienne. Allez, leur dit-il, répandez-vous dans l'isle; cherchez les endroits qui produisent un lin qui nous devient de jour en jour si nécessaire; moissonnez la moitié de ce que vous trouverez, & revenez le plutôt qu'il sera possible.

Les fils d'Almont partirent, la joie

dans le cœur : en peu de jours, ils eurent parcouru toute l'étendue de l'isle. Le lin aërien y étoit rare ; ils n'en trouverent qu'en trois endroits différens & de peu d'étendue. La récolte fut donc peu abondante ; à peine eut-on de quoi fournir une robe à chacun des enfans d'Almont. Mais cela ne troubla point la joie que cette découverte leur causoit : ils comptoient que la culture multiplieroit ce dont la nature sembloit si avare.

Almont enseigna aux femmes les différentes manieres de filer, & aux hommes, l'art ingénieux du Tisseran. On pense bien que ces nouveaux ouvriers ne firent pas des chefs-d'œuvre : mais les matériaux qu'ils employoient, étoient d'une si grande beauté, que, malgré le peu d'art, les étoffes se trouverent d'un éclat & d'une qualité qui les rendoit égales, & peut-être supérieures à ce que les Européens vantent le plus dans ce genre.

Il n'y a point de couleurs, il n'y a pas même de nuances, dont le lin aërien ne ſoit varié; & les couleurs ſont ſi vives, que l'œil à peine en contient l'éclat. Ce qu'il y a de plus extraordinaire, c'eſt qu'à meſure que l'étoffe s'uſe, les couleurs, au lieu de ſe ternir, deviennent plus vives; de ſorte que les habits les plus frais, les plus éclatans & les plus recherchés, ſont ceux qui ont été portés le plus long-tems. D'un autre côté, les étoffes ſont très-fortes, quoique très-minces, & réſiſtent des ſiécles. Duncan a vu des habits preſque auſſi anciens que la République, & c'étoient les plus beaux qu'il y eût dans l'iſle.

Les étoffes des Galligènes ont encore une autre qualité, & non moins admirable. La moindre chaleur, telle que celle du corps humain, en tire des émanations qui embaument l'air. Ces odeurs n'ont de force, que ce qu'il en faut pour être ſenties, & varient comme les couleurs. Un bon fabriquant d'étoffes, eſt un bon parfumeur : non-ſeulement il nuance les couleurs de maniere qu'elles frappent agréablement les yeux, mais encore de maniere que les odeurs combinées frappent agréablement l'odorat. Pour l'ordinaire, quand les couleurs ſont bien entendues, le parfum eſt très-ſuave ; & dire qu'une robe ſent bon, c'eſt dire qu'elle eſt belle & de bon goût. C'eſt par les émanations, qu'on diſtingue les habits : on dit, mon habit odeur d'œillet, odeur de violette, fleur d'orange, &c. Il y a plus ; dans les aſſemblées & les cercles, les odeurs de divers habillemens ſe mêlent, ſe confondent, & n'en forment plus qu'une, plus ou moins agréable, ſuivant les circonſtances. Il y a même des Galligènes qui jugent du ſuccès d'une entrepriſe, par l'odeur combinée des habits de ceux qui ſe réuniſſent pour l'exécution. » Si une

» chasse a manqué, & n'a pas fourni,
» faut-il s'en étonner, dira-t-on ? Quand
» les chasseurs se sont assemblés, l'o-
» dorat étoit offensé à s'en trouver
» mal «. Comme parmi nous, on dit chez les Galligènes, avoir bon nez, pour signifier être habile à prévoir les événemens : mais ils prennent l'expression au sens propre, & nous la prenons au figuré. Pour prédire l'avenir, les anciens examinoient la fumée, le feu, le vol des oiseaux, & autres choses de cette importance : les Galligènes vont flairant, & réussissent tout aussi-bien.

On crut long-tems que le lin aërien étoit une plante ; le nom qu'on lui conserve encore, le désigne : mais un observateur trouva que c'étoit la production d'un insecte très-mince, & si leger, qu'il n'est guère plus pesant qu'un égal volume d'air. Cet insecte forme un très-petit bouton qui termine chaque filet de la plante aërienne. Quand il a cessé de filer, il se forme une coque; dans laquelle il dépose un nombre infini d'œufs presque imperceptibles, que l'on prenoit pour des graines. Il vit probablement d'air, comme la plûpart des coquillages vivent probablement d'eau; & file le lin aërien, comme la moule file la soie dont elle se sert pour s'attacher aux rochers. Mais la moule est pourvue d'une sorte de colle qui lui sert à fixer, sur le rocher, l'extrémité de son fil; & l'insecte dont nous parlons, en est dépourvu. La colle dont il a besoin, sort des pores d'une plante. Partout où l'on applique cette matiere gluante, les œufs s'y attachent, s'y développent avec la plus grande facilité, & l'insecte, à peine éclos, entame son travail. Ces découvertes ont demandé du tems : il n'y a guère que soixante ans qu'on connoît tous ces mysteres. Auparavant, les étoffes étoient très-rares parmi les Galligènes, parce qu'ils ne pouvoient réuſſir à multiplier l'eſpéce. Ils ſemoient des œufs, comme on ſeme du grain, & s'étonnoient de ne rien moiſſonner.

CHAPITRE XI.

La famille d'Almont découvre, d'elle-même, des vérités qu'il n'auroit pas dû leur cacher. Disputes de religion. Almont les appaise comme il peut; &, pour affoiblir les sectes, il les tolere toutes.

LA découverte du lin aërien, fut la derniere que fit Almont; mais elle ne laissoit plus de besoins à sa famille. Cette sûreté, & pour les fils d'Almont, & pour leurs descendans, fit naître, dans les esprits, un calme qui acheva de faire le bonheur de cette République naissante. Dans la suite, Almont devint bisayeul; &, voyant l'isle que la Providence avoit tirée des eaux pour lui servir d'habitation, en état de fournir aux besoins, & même aux plaisirs, il porta ses regards au-delà de ceux de ſes deſcendans qui étoient autour de lui, & vit, dans l'avenir, le peuple entier qui devoit naître de ſon ſang. Ce tableau toucha ſon cœur : ſes ſoins s'étendirent juſqu'à ce peuple futur ; &, pour en aſſurer le bonheur, par des loix ſages, il conçut le projet, je n'oſe dire le plus dangereux, mais le plus ſingulier qui pût lui tomber dans l'eſprit.

Les affaires de religion lui avoient jadis attiré tant de malheurs, &, malgré les loix & la police de ſon pays, il avoit eſſuyé tant de diſgraces, qu'il réſolut de laiſſer ſa famille dans une parfaite ignorance, & de ces loix, & de cette religion. Craignant auſſi d'en ſubſtituer d'autres qui valuſſent moins, il crut que le plus prudent étoit d'abandonner ſes deſcendans à leur propre naturel, & de les laiſſer ſe former eux-mêmes des maximes de conduite & des mœurs, dont il auroit ſoin de tirer des loix pour l'avenir. La ſeule choſe qu'il leur recommanda, fut de s'aimer mutuellement. » Le même ſang coule » dans vos veines, leur diſoit-il, & » tous vos freres ſont d'autres vous-mê- » mes. L'intérêt de l'un, doit être l'in- » térêt de l'autre. Faites donc du bien » à celui qui vous en fait, à celui qui » ne vous en fait pas, à celui qui vous » fait du mal, s'il s'en trouve dont le » cœur ſoit aſſez dur. Aimez, & par- » donnez; c'eſt le ſeul moyen d'être » heureux, & de faire des heureux, » de vivre en paix avec les autres, avec » ſoi-même «. Chéri & reſpecté comme celui auquel ils devoient tout, Almont avoit, ſur ſes fils, toute l'influence qu'il devoit avoir. Il examinoit leur conduite, leurs plaiſirs, leurs peines, leurs liaiſons, leurs querelles. Il encourageoit les uns, reprimandoit les autres, & les exhortoit tous, & toujours, à s'aimer, à s'obliger, à s'excuser réciproquement. D'après ce qu'il observoit, il dressoit son plan de législation, qu'il continua de perfectionner le reste de sa vie, & qu'il ne publia que peu de tems avant sa mort.

En formant le cœur de ses descendans, il ne négligeoit pas leur esprit : il leur donnoit le principe de toutes les sciences & de tous les arts nécessaires, utiles & d'agrément. Jamais il ne toucha un mot des usages, des loix, des mœurs, de l'histoire des autres habitans de la terre ; & dans la suite on sçaura pourquoi. Ainsi l'agriculture, un petit nombre d'arts & l'étude des sciences partageoient les occupations de la lignée d'Almont.

Un jour qu'il étoit environné de sa famille, un de ses fils prit la parole en ces termes : » Ecoute, sage Almont : » tes enfans te parlent par ma bouche : » ils vont aujourd'hui t'exposer des dou- » tes sur lesquels ils réfléchissent depuis

» plusieurs années. Ils se sont tus jusqu'à ce jour, parce que toi-même tu gardes le silence sur l'objet de leurs recherches. Maintenant leurs réflexions les accablent ; ils vont s'expliquer : écoute & juge. Nous voyons bien qu'une plante naît d'une autre plante ; un animal, d'un autre animal : mais les premieres de toutes ces plantes, les premiers de tous ces animaux, qui leur a donné l'être ? Nous voyons que le feu est un principe d'activité qui met toute la nature en mouvement : mais ce principe lui-même, quelle main l'a mis en jeu ? Il existe des corps ; chacun de ces corps a sa place dans l'ordre des êtres, & tout obéit à des loix immuables : mais ces corps, pourquoi existent-ils ; cette place qu'ils occupent, qui la leur a désignée ; ces loix qui réglent leurs mouvemens, qui les a prescrites ? L'ouvrage annonce l'ouvrier ;

» le navire, un constructeur; & l'uni-
» vers, un être suprême. C'est lui qui
» allume le soleil pour éclairer les ha-
» bitans de la terre, comme Almont,
» dans l'ombre de la nuit, allume un
» flambeau pour éclairer sa famille.
» Voyez les cantons de notre isle, où
» nos travaux ne se sont pas étendus:
» une nature sauvage annonce que la
» main intelligente de l'homme n'en a
» point approché. Voyez les lieux où
» nous avons planté des bosquets, alli-
» gné des avenues, construit des habi-
» tations, & semé nos grains : tout y
» marque la sagesse d'Almont, le tra-
» vail de ses fils, & l'intelligence acti-
» ve des uns & des autres. Si les élé-
» mens étoient confondus, & que l'u-
» nivers ne formât qu'un cahos, je de-
» manderois encore pourquoi cette
» masse informe existeroit. Mais les élé-
» mens mis en œuvre, toutes choses
» rangées à leur place, les êtres orga-

» niques naissant, croissant, mouvant
» selon les loix qui leur sont imposées,
» l'univers entier déployé avec tant
» d'ordre & de magnificence : un tel
» ouvrage peut-il laisser le moindre
» doute sur l'intelligence & la puissan-
» ce infinie de l'ouvrier? O sage Al-
» mont, que ne devons-nous pas à tes
» soins ! Tu nous as donné le jour ; tu
» as pourvu à notre subsistance ; tu nous
» as enseigné les arts qui font la dou-
» ceur de la vie ; tu as développé les
» facultés de notre ame, & tu nous
» apprends à penser. Mais que ne de-
» vons-nous pas encore à celui qui nous
» a donné l'être, qui répand autour de
» nous de quoi satisfaire nos besoins,
» de qui nous tenons ce germe d'intel-
» ligence que tu prends tant de soin à
» cultiver? Que ne devons-nous pas à
» celui auquel nous te devons toi-mê-
» me ? Comment nous expliquer à lui ;
» comment lui marquer notre recon-

» noissance; comment lui rendre les » hommages qui lui sont dûs? Eclaire » tes enfans, sage Almont; ôte-les » d'erreur, s'ils y sont tombés; &, s'ils » ont entrevu la vérité, acheve de la » développer à leurs yeux «.

Pénétré des raisons que sa bouche annonçoit, l'Orateur des fils d'Almont parloit avec feu; sa voix avoit je ne sçai quoi de touchant; il intéressoit, il faisoit aimer les vérités qu'il montroit. Ses freres portoient leurs regards, tantôt sur lui, & sembloient l'encourager, tantôt sur Almont, & tâchoient de voir, dans ses yeux, ce qui se passoit dans son cœur. Almont, comme un homme qui apprend inopinément le succès d'un projet important, prêtoit une oreille attentive : son ame, surprise & émue, goûtoit un plaisir inexprimable, & ses yeux se mouilloient de ces larmes délicieuses que répandent la tendresse & la joie. Il embrassa ses enfans,

& les félicita d'être parvenus d'eux-mêmes aux grandes vérités dont il attendoit avec impatience qu'ils lui parlassent. Il les exhorta à se pénétrer de plus en plus de la reconnoissance qu'ils devoient à cet Être créateur & bienfaisant, que les seules lumieres naturelles leur avoient décelé. Enfin il institua des fêtes particuliérement destinées à lui rendre hommage : & telle fut la premiere lueur de religion qui éclaira les Galligènes.

Plusieurs années s'écoulerent, sans que les descendans d'Almont avançassent plus loin, du côté de la religion : mais, dans la suite, de nouvelles réflexions leur firent faire de nouveaux progrès. Ils se demandoient, les uns aux autres, quelle étoit la substance qui, dans eux, sentoit, desiroit, raisonnoit. Les uns crurent que la matiere, par l'organisation, prend la faculté de penser, & la perd par la destruction de ces mêmes organes. Les autres ne concevoient point qu'un élément pût devenir penſant, par la ſeule raiſon qu'il ſe trouve poſé d'une certaine maniere à côté d'un autre : ils crurent que l'ame eſt immatérielle. L'opinion des premiers arrête l'imagination à la deſtruction de la machine : mais l'opinion des autres ouvre une porte aux conſéquences les plus étendues. Si ce qui penſe dans nous eſt immatériel, il eſt indeſtructible : que devient-il à la mort? Rentre-t-il dans une maſſe totale de ſubſtance penſante, comme le corps retourne à la maſſe totale des élémens? Va-t-il animer un autre corps? Tombe-t-il entre les mains de l'Être tout-puiſſant, qui lui faſſe un ſort heureux, ou malheureux, ſelon ſon mérite? Chacune de ces opinions, & pluſieurs autres trouverent des partiſans; de ſorte que la famille d'Almont ſe diviſa en je ne ſçai combien de ſectes. Les diſputes devinrent fréquentes, & s'animerent; & la dissension vint à tel point, qu'Almont s'en apperçut. Il frémit, en apprenant quelle en étoit la cause. » O » ciel! s'écria-t-il, des hommes igno» rans, & qui passent leur vie sans pen» ser, ne sont guère au-dessus de la » brute; & des hommes instruits qui » réfléchissent, ne peuvent vivre en » paix «. Il calma, de son mieux, les esprits, en remontrant que chacun voyoit à sa maniere, & qu'il ne falloit, ni s'en étonner, ni s'en choquer; que celui qui se croyoit le plus près de la vérité, en étoit souvent le plus éloigné; qu'il falloit se défier de sentimens que l'on prend & que l'on quitte avec des raisons toujours les mêmes, & qui ne perdent ou n'acquierent de poids, que selon notre façon de les envisager; que la diversité des opinions devoit diminuer la confiance que nous avons aux nôtres, & non pas nous aigrir contre celles de nos freres ; qu'enfin l'erreur étoit digne de pitié, & non pas de haine. En même tems il prit le parti de porter une loi qui établiroit une pleine liberté de penser sur tous ces objets.

Jamais loi ne fut mieux observée. Il n'y a peut-être pas aujourd'hui cent Galligènes qui tiennent la même opinion ; & la République est divisée en un nombre infini de sectes. De-là, l'esprit de parti, les disputes éternelles, les invectives substituées aux raisons, les repliques ameres, les animosités, dont la plûpart se terminent en haines & en persécutions sourdes : & voilà les hommes. Forcez-les d'adopter telle opinion, la moitié perdra plutôt la vie : laissez-leur la liberté de penser, ils en abuseront, & la moitié sera haïe de l'autre, & la haïra.

CHAPITRE XII.

Siécles d'or des Galligènes. Belles Sentences de Duncan : on les refute.

LE bonheur qui peut ſe troubler par la diſett , & s'affermir par l'abondance, a toujours ſon principe dans le cœur : c'eſt-là qu'il faut le faire germer. Tant qu'Almont vécut, il contint les eſprits, non par cette ſévérité que les loix oppoſent au vice, mais par cette crainte filiale qui attache au devoir & le fait aimer. Dans ces tems fortunés, les Galligènes furent vraiment heureux ; ils avoient de la vertu & le néceſſaire.

De quelque côté qu'on portât les yeux dans l'intérieur & ſur les bords de l'iſle, tout annonçoit l'abondance. Les herbes marines étoient devenues des pâturages. Mille eſpéces de poiſſons en tiroient leur ſubſiſtance, & habitoient les grottes humides formées par les vuides qui ſe trouvoient entre les rochers. Des coquillages de tout genre, y trouvoient auſſi leur nourriture. Ceux-ci, immobiles & fixés ſur les fonds, recevoient leur aliment de l'eau dont ils étoient environnés. Ceux-là, rampans ſous les eaux, alloient de côté & d'autre chercher une nourriture plus ſolide. Divers oiſeaux marins s'étoient auſſi établis ſur les côtes. Les uns voloient en raſant les eaux, obſervoient leur proie, & ſe plongeoient rapidement pour la ſaiſir. Les autres, raſſaſiés & ſans beſoins, s'élevoient dans l'air, planoient à perte de vue, ſembloient s'éloigner pour ne plus revenir, & reparoiſſoient l'inſtant d'après : l'air retentiſſoit des cris que la nature tiroit de leurs organes agréablement affectés. D'autres, pour conſtruire leurs nids, ſe retiroient au midi de l'iſle, où la chaleur favoriſoit leurs travaux. Là ils bâtissoient leurs nids ; là prenoient naissance leurs petits ; là se traçoit le tableau des sollicitudes maternelles.

Dans l'intérieur de l'isle, les oiseaux domestiques multiplioient de toute part. De jour en jour les plantations s'embellissoient. Nourris dans un terroir neuf & fertile, les arbres s'élevoient avec vigueur ; les ombrages devenoient plus épais ; les promenades plus agréables ; les fruits plus abondans & plus savoureux ; les moissons plus étendues & plus riches : tout prenoit, autour des Galligènes, une face riante, & leur ame, que nul chagrin ne resserroit, s'ouvroit toute entiere à ces sentimens délicieux qu'inspire la simple nature.

Un travail aisé les occupoit de tems en tems, sans les fatiguer. C'est ainsi que le sage, qui jouit à la campagne du repos que ne goûterent jamais les habitans des villes, occupe quelquefois ſon loiſir des travaux, des arts & de l'agriculture.

Ils ne connoiſſoient point ce deſir inquiet d'être tout autre choſe que ce que l'on eſt ; fruit malheureux de la différence & de l'inégalité des conditions. Ils avoient tous le même ſort, & l'un n'étoit point un objet d'envie pour l'autre. Les biens & les maux leur étoient communs : dans l'origine ils avoient eu les mêmes craintes, en conſidérant ce qui leur manquoit ; dans la ſuite ils eurent la même joie, en conſidérant qu'ils étoient pourvus de tout ce qui leur étoit néceſſaire. Sans idées que celles que leur avoit données Almont, ils ne connoiſſoient d'autres uſages, d'autres vertus, d'autres plaiſirs, d'autres biens que les leurs. Sans doute on ne peut être plus heureux qu'ils étoient, ſi on le peut : ils l'ignoroient, & nul deſir ne troubloit leur tranquillité.

Peu

Peu verſés dans cette morale ſubtile, qui fait tant de diſſertateurs & ſi peu de vertueux, ils avoient cette ſimplicité de cœur qui embraſſe la vertu par inſtinct, & la trouve aimable par elle-même, ſans ſavoir pourquoi.

Almont, qui avoit pourvu à leur nourriture, qui leur avoit donné des vêtemens, qui leur enſeignoit les arts, qui leur prêchoit la vertu, la pratiquoit & la faiſoit aimer, Almont, qui ne s'étoit occupé que de leur bonheur, étoit l'objet de leur tendreſſe & de leur vénération. » Quelle douleur pour Al-» mont, diſoient-ils, ſi je néglige ce » devoir, ſi je me venge de cette in-» jure, ſi je donne ce chagrin à mon » frere « ! » Quel plaiſir pour Almont, » ſi je rends ce ſervice à ſa famille, ſi » je fais cette action vertueuſe, ſi je » ſauve mon frere de ce péril « ! La ſatisfaction d'Almont étoit la meſure de celle de ſes deſcendans ; ſon chagrin faisoit le leur, & sa volonté étoit leur loi. Que de vertus sous la conduite de ce vieillard vertueux ! C'étoit vraiment le siécle d'or des Galligènes.

Duncan, qui raconte tout ceci d'après la tradition, fait en cet endroit de profondes réflexions, comme à son ordinaire. Il ne croit pas plus au siécle d'or des Galligènes, qu'au siécle d'or des poëtes, & au regne des dieux d'Egypte. „ Voilà comme les peuples sont „ faits, dit-il ; ils voyent ce qu'ils sont, „ & sentent ce qu'ils devroient être. „ On se forme l'idée d'une societé „ beaucoup plus vertueuse que celle „ dont on fait partie ; on réalise en„ suite cette idée en l'attachant à ses „ ancêtres, &, comparant cette so„ciété imaginaire avec la société ac„ tuelle, on crie à la corruption. On a „ tort ; les hommes ont toujours été „ les mêmes, quant au fond ; ils n'ont „ changé que dans la forme ; il y a tou-

» jours eu des méchans, des gens bas, » des traîtres, des scélérats. Un tems » peut se comparer à l'autre; si nous » ne valons rien, nos peres ne valoient » pas mieux, & sans doute les Galli- » gènes ont toujours été ce qu'ils sont «.

Je ne suis point du tout de l'avis de Duncan, & je crois assez au siécle d'or de la famille d'Almont. Tous les établissemens sont admirables dans leur nouveauté. L'ardeur des chefs qui veulent fonder solidement leur ouvrage; le zèle des particuliers qui s'attachent à affermir un établissement dont ils se regardent, sinon comme auteurs, du moins comme coadjuteurs; le desordre qui n'ose encore se montrer dans ces tems de ferveur; tout cela contient les esprits, & maintient la loi. Mais, dans le laps des tems, quand l'établissement est devenu solide, les fondateurs & les coadjuteurs n'existent plus; on cesse de s'intéresser à soutenir, avec fermeté, un régime qu'on n'a ni établi, ni perfectionné ; le zèle se refroidit & s'éteint. Les desordres perdent peu-à-peu ce qu'ils avoient d'odieux, se multiplient, & même deviennent de mode. Les loix sont mal observées ; les vices s'accréditent ; un siécle de fer succede au siécle d'or. Et, comme avec le tems, la société s'est formée & perfectionnée, avec le tems, & par degrés, elle dégénere, décline & tombe. Ainsi rien n'empêche de croire que les Galligènes ont été beaucoup mieux qu'ils ne sont, qu'entr'eux les vertus sont bien plus rares qu'autrefois, & que leur République penche vers sa chûte, comme beaucoup d'autres.

CHAPITRE XIII.

Loix qui ne plairont pas à bien des Lecteurs. Duncan n'en dit rien ; mais il n'en pense pas moins.

COMME un vieux chêne que la ſeve abandonne peu à peu, laiſſe chaque année quelques rameaux ſans feuilles, & finit par ſe deſſécher entierement, Almont, après une longue vie, déchut peu à peu de ſa vigueur, & menaçoit ruine. Après avoir eſſuyé une longue ſyncope, ſentant que ſa fin n'étoit pas éloignée, il fit aſſembler ſa nombreuſe famille. » Mes enfans, leur dit-il, je » vous ai tous appellés, pour vous faire » mes derniers adieux. Je termine une » carriere dont le commencement a été » orageux, la fin conſolante, & la to- » talité laborieuſe. Depuis votre exiſ- » tence, je me ſuis oublié moi-même,

» pour ne m'occuper que de vous.
» Toutes vos paſſions m'ont ému, com-
» me vous-mêmes : j'ai vu vos fautes
» avec amertume, comme ſi je les euſſe
» commiſes, & vos vertus avec joie,
» comme ſi votre mérite eût été le
» mien. Je vais maintenant, dans le ſein
» de la Providence, goûter le repos
» que j'ai toujours deſiré, & dont je
» n'ai jamais joui. Je vous quitte ; mais
» mon cœur reſte parmi vous, & ma
» tendreſſe ira au-delà du tombeau.
» Souvenez-vous de votre pere com-
» mun ; ſouvenez-vous de ſon amour
» pour vous ; ſouvenez-vous d'Almont,
» non pour rendre un vain hommage
» à ſa mémoire, mais pour vous affer-
» mir dans la pratique des vertus.

» Tant que j'ai vécu, j'ai été le lien de
» votre ſociété : maintenant que la mort
» m'enleve pour jamais de ces lieux,
» qui me repréſentera parmi-vous ?
» Qui veillera ſans ceſſe à la paix & au

» bon ordre ? Ecoutez, mes enfans, » j'ai rédigé des loix, dans lesquelles » j'ai fait passer toute mon ame. Al» mont ne mourra pas totalement, il » respirera dans ces loix ; il continuera » de vous éclairer, de vous guider, de » veiller à votre bien-être. Jurez de les » observer ; jurez pour vous, pour vos » descendans, pour toute votre posté» rité ; donnez à votre pere commun » la consolation de voir que vous affer» missez pour jamais votre repos & » votre bonheur «.

On fit ensuite la lecture des loix ; elles étoient conçues en ces termes :

» Nous adorerons Dieu, & nous » l'adorerons en esprit ; sans lui élever » aucun temple, car il est par-tout ; » sans lui dresser aucune statue, car on » ne le peut figurer ; sans lui faire au» cun sacrifice, car il ne demande que » l'hommage du cœur.

» Nous nous aimerons mutuelle-

» ment comme enfans de la même
» mere, qui eſt la République : les
» liens du ſang que nous ne connoî-
» trons pas, ne réuniront point, ſur une
» ſeule famille, un attachement que
» nous devons au corps des citoyens.

» Aucun n'aura rien qui ſoit à lui ;
» tout ſera à la République, tout ap-
» partiendra à tous.

» On ne dira jamais, cette femme
» eſt à moi ; car chaque femme ſera
» l'épouſe de tous les citoyens, chaque
» citoyen ſera l'époux de toutes les
» femmes.

» Nul ne verra perſonne au-deſſus
» de ſoi, ni perſonne au-deſſous ; nous
» ſerons tous égaux : les vieillards nous
» ſerviront de Magiſtrats ; mais la ſou-
» veraineté réſidera dans le peuple aſ-
» ſemblé.

» De toutes les occupations de la
» vie, aucune ne nous paroîtra préfé-
» rable aux autres ; car celles qu'on

» pourroit prendre pour les moins re-
» levées, ſont toujours les plus utiles :
» tel, livré hier aux ſciences les plus ſu-
» blimes, aujourd'hui, la bêche à la
» main, labourera la terre, & ſaura
» qu'il y a tems pour penſer & tems
» pour agir.

» Aucun de nous ne prétendra ſatis-
» faire toutes ſes paſſions, & n'aſpirera
» point à une félicité parfaite qui ne ſe
» trouve nulle part : nous tendrons au
» plus grand bonheur poſſible, & nous
» le trouverons en ne nous écartant
» jamais des loix «.

Pendant le diſcours d'Almont, pendant la lecture des loix qu'il propoſoit, l'aſſemblée étoit l'image de la déſolation. Les uns, proſternés contre terre; les autres, triſtement penchés ſur le lit d'Almont; ceux-ci, la tête baiſſée & le regard abattu; ceux-là, les yeux & les mains élevés vers le ciel; tous baignés de leurs larmes, annonçoient, par des ſanglots, leur reconnoiſſance, leur tendreſſe, leur douleur & leur ſoumiſſion.

Almont les fit approcher l'un après l'autre, & leur fit prêter ſerment entre ſes mains. Il les embraſſoit enſuite, en leur recommandant la douceur, la paix & l'amour de leurs freres.

Cette triſte cérémonie demanda du tems. Almont ſembloit devoir ſuccomber; mais l'importance qu'il attachoit à cet acte authentique, ſon amour paternel porté au plus haut point, en ce moment où il alloit s'éteindre avec ſa vie, enfin le ſpectacle de ſa famille affligée & ſoumiſe, avoient ému ſes ſens : un mouvement de fievre lui prêta une force paſſagere; ſon viſage s'étoit revivifié; ſes yeux éclatoient d'une lumiere douce & vive, & ſa voix avoit quelque choſe de plus qu'humain.

Mais à peine eut-il achevé, que la fiévre tombée l'abandonna à toute ſa foiblesse : son teint pâlit ; ses yeux s'obscurcirent ; sa voix mal assurée à peine se fit entendre : » Je meurs, dit-» il ; adieu, chers enfans, soyez fidèles » à vos sermens, & sur-tout aimez-» vous mutuellement «. Il ne prononça pas distinctement ces derniers mots ; il expiroit.

En ce moment fatal, les fils d'Almont jetterent des cris douloureux : ils s'embrassoient, ils se serroient étroitement, en gémissant. Ils jurerent de nouveau, sur le cadavre de leur pere commun, qu'ils seroient à jamais observateurs de ses loix. » Almont est » mort, disoient-ils, &, avec lui, no-» tre plus douce satisfaction. Ses yeux » ne verront plus le bonheur de ses en-» fans ; ses paroles ne nous encourage-» ront plus à la vertu. Qui nous aimera » comme il nous aimoit ? Qu'aime-» rons-nous autant que nous l'aimions ? » Il n'est plus : qu'au moins ses dernie-

» res volontés vivent à jamais parmi
» nous, & passent chez nos derniers
» neveux «.

Ainsi mourut Almont; & telles sont les loix qu'il laissoit aux Galligènes. De ces loix tirent origne leurs usages divers, leurs opinions dominantes, leur morale, souvent si singuliere, & quelquefois bisarre. Les anciens lui succéderent sous le nom de Magistrats. On suivit exactement ses plans, & pour le gouvernement, & pour les établissemens qu'on devoit faire, à proportion que la population augmenteroit. On bâtit la ville sur le lieu même qu'il avoit désigné. Enfin toutes ses volontés ont été exécutées de point en point : Almont semble encore gouverner les Galligènes. Mais tout est bien déchu, disent-ils, quant aux mœurs, aux vertus, & conséquemment au bonheur.

CHAPITRE XIV.

Profonde ſageſſe de Duncan, qu'on n'en veut pourtant pas croire.

OUTRE ces loix, il y a, chez les Galligènes, bien des réglemens, que notre frere de France n'a jamais pu goûter. Tel eſt, par exemple, celui dont nous allons parler. L'étendue & la fécondité de l'iſle conſidérées, & calcul fait, Almont avoit trouvé que ſon habitation ne pouvoit fournir à une ſubſiſtance aiſée, que pour cent mille hommes. En conſéquence, il avoit fait un réglement, par lequel il étoit ordonné que, dès que le nombre des citoyens auroit monté à plus de cent mille, on feroit abſtinence des femmes, juſqu'au tems où ce nombre ſeroit diminué. Voilà ce que Duncan ne pouvoit paſſer à un Légiſlateur de Galligenie.

» Un principe que toute ſaine poli-
» tique doit ſe propoſer, diſoit-il,
» c'eſt de favoriſer la population. Dans
» une ſociété, comme dans une famille,
» c'eſt une choſe horrible que de dire,
» nous aurons ſoin de n'avoir que tel
» nombre d'enfans. Favoriſer la popu-
» lation, c'eſt être, après Dieu, le
» créateur des hommes. Mettre obſta-
» cle à leur naiſſance, équivaut à les
» tuer. Plus les hommes multiplient,
» plus l'induſtrie trouve de reſſources à
» leur ſubſiſtance. Ces terres ſont-elles
» auſſi fécondes, qu'elles peuvent le
» devenir par un travail aſſidu? A quoi
» bon ces boſquets & ces promenades?
» Que ne deſſéche-t-on cet étang d'eau
» ſalée, plus propre à vos plaiſirs, qu'à
» rien d'utile «?

En vain on lui repréſentoit qu'il ne ſuffiſoit pas de multiplier les hommes, pour les nourrir ſeulement, qu'il falloit auſſi penſer à leur bonheur; qu'on ne voyoit pas qu'il fût si beau de donner l'être à des hommes, pour les attacher à des rochers, & leur faire gagner, à force de travail & de sueur, une vie qui ne promettroit qu'une continuation de peines. Duncan vouloit absolument qu'on multipliât, qu'importe quel dût être le sort des multipliés.

» Nous autres, ajoutoit-il, qui sommes philosophes, & qui entendons si bien les intérêts de l'humanité, quoique nous ne pensions guère à rendre les hommes heureux, cela n'empêche pas que nous ne cherchions tous les moyens possibles d'en accroître le nombre; & nous avons là-dessus les beaux livres du monde. Parmi vos freres d'Europe, beaucoup ne se marient point : ce sont autant de fleurs qui avortent & ne produisent aucun fruit. De ceux qui se marient, la plûpart ne veulent avoir

» qu'un petit nombre d'enfans, & se
» comportent en conséquence : ils crai-
» gnent autant d'en avoir une certaine
» quantité, que de n'en avoir point du
» tout. La politique n'a jamais pu réuf-
» sir à détruire ces systêmes dangereux,
» & même la religion a menacé en vain.
» Quoi qu'on leur dise à cet égard, ils
» vous répondent tous : rendez-nous
» heureux, nous voudrons bientôt avoir
» des enfans auxquels nous puissions
» faire part de notre bonheur. Mauvais
» raisonnement, comme vous voyez ;
» car il faut commencer par avoir des
» enfans, avant que de s'occuper de
» leur subsistance & de leur bien-être.
» Quand on a vu donc qu'il n'y avoit
» rien à gagner sur ces gens-là, la po-
» litique s'est tournée habilement d'un
» autre côté, & l'on a pris un biais. On
» s'est avisé d'introduire & de favoriser
» de toutes ses forces, les arts pure-
» ment de luxe. Des familles sans nom-

» bre y trouvent leur ſubſiſtance, & » multiplient à la place de ceux qui ſe » refuſent à la population, mais dont » les dépenſes nourriſſent les autres. » Outre cela, nous avons des terres ſté- » riles, & nous avons dit, plaçons là » des hommes qui multiplient, & qui » tirent, comme ils pourront, leur » nourriture de ces terroirs ingrats. » Vous voyez qu'aſſez peu ſoucieux de » ce qu'ils deviendront, nous faiſons » pourtant tout ce qu'il eſt en nous pour » avoir des hommes. Il eſt vrai que » nous ne réuſſiſſons guère. Il n'y a pas » un ſiécle que nous avions beaucoup de » terres en friche, & qu'à peine on » avoit une idée du luxe : la popula- » tion cependant alloit beaucoup mieux » qu'aujourd'hui. Mais cela viendra : » au moins tous nos livres diſent que » cela doit venir «.

J'admire les raiſonnemens de Duncan : mais mon avis eſt qu'Almont avoit raiſon, & que les Galligènes ont une bonne loi.

CHAPITRE XV.

Des connoissances, interdites aux Galligènes, deviennent, comme de raison, les plus répandues parmi eux.

Les deux Galligènes qui, les premiers, avoient accueilli Duncan sur le bord de la mer, avoient eu raison de lui dire que, si loin de sa patrie, il se trouveroit pourtant en pays de connoissance. Il vit, avec étonnement, qu'un peuple, reclus dans une petite isle, & sequestré du reste des nations, les connoissoit pourtant, comme s'il les avoit fréquemment pratiquées. A chaque instant, ils entroient avec lui dans les détails les plus curieux; &, comme il le dit lui-même, il trouvoit à s'instruire sur ses propres mœurs, à plusieurs milliers de lieues loin de chez lui.

Il leur demanda comment, sans

avoir aucune communication avec les hommes, ils les connoiſſoient ſi bien, & par quels moyens inouis ils pouvoient ſe faire un tableau ſi précis de toute la terre, ſans qu'aucun d'eux eût jamais ſorti de ſon étroite habitation. » Nous » n'avons eu qu'un Maître, lui répon- » dit-on, mais un grand Maître : c'é- » toit Almont. Almont, heureuſement » pour ſes deſcendans, étoit inſtruit. » Conſommé dans pluſieurs genres, il » avoit, ſur les autres, ces principes » lumineux qui menent ſi loin un eſprit » clairvoyant. Il ſe fit un devoir de » faire paſſer à ſes fils, toutes ſes con- » noiſſances, ſur-tout celles qui con- » cernoient la phyſique, les mathéma- » tiques, les arts & métiers. Ce que les » circonſtances & le petit nombre des » ſiens lui permettoient, il le mettoit » en pratique; le reſte, il l'enſeignoit » de bouche; il en écrivoit des traités, » & donnoit ainſi des leçons à ſes deſ-

» cendans futurs. Tandis qu'Almont » s'occupoit de ces écrits utiles, qui » devoient passer dans les mains de » tous ses descendans indistinctement, » il travailloit à un autre, qui, tant » qu'il vécut, ne fut lu de personne, » & qui, après sa mort, ne devoit être » conné qu'aux seuls anciens. Plusieurs » fois il fut tenté de jetter ce manuscrit » au feu. Il n'en fit rien, &, dans sa » préface, il en dit les raisons. *Les* » *choses*, dit-il, *que je traite ici, sont* » *d'une telle nature, que je ne sçai s'il* » *n'eût pas été prudent de les laisser pour* » *jamais dans l'oubli. Le bien qui peut* » *résulter des connoissances qu'on y trou-* » *vera répandues, m'a paru d'un assez* » *grand poids, pour l'emporter sur le mal* » *qui pareillement peut en résulter. Il est* » *des connoissances utiles, tant qu'elles ne* » *passent qu'aux sages, & qui deviennent* » *dangereuses, dès qu'elles se divulguent.* » *Celles-ci, ou nulle autre, sont de ce genre.*

» *Si les anciens se les transmettent successi-*
» *vement, je ne doute nullement qu'elles*
» *ne leur soient très-avantageuses; mais,*
» *s'ils les rendent publiques, je crains que*
» *le fruit qu'ils en auroient retiré, ne de-*
» *vienne un poison entre les mains des au-*
» *tres. Au reste, j'écris pour le bien: mal-*
» *heur à quiconque y puisera le mal.* Vous
» ne diriez jamais de quoi traitoit ce
» livre, interdit avec tant de rigueur.
» C'étoit un abrégé raisonné de l'his-
» toire & des mœurs de toutes les na-
» tions. En Europe, vous faites lire ces
» sortes d'ouvrages à des enfans; cela
» même entre dans le plan de leur édu-
» cation; & le sage Almont à peine
» permet cette lecture à des vieillards
» affermis dans la vertu. On vit dans
» la suite, & nous voyons encore au-
» jourd'hui, combien ses idées étoient
» judicieuses, & ses craintes bien fon-
» dées. Son manuscrit, comme il l'a-
» voit exigé, resta inviolablement en-

» tre les mains des anciens : jamais Gal-
» ligène n'en lit une ſeule ligne, que
» l'âge, en le mettant au nombre des
» Magiſtrats, ne lui ouvre ce livre ſa-
» cré. Mais en quel lieu de la terre, des
» connoiſſances ſecrettes, confiées à
» pluſieurs perſonnes, ne ſe ſont ja-
» mais répandues au-delà? Une liqueur
» verſée ſucceſſivement dans pluſieurs
» vaſes, en trouve toujours quelques-
» uns qui la laiſſent fuir. C'eſt ce qui
» ne manqua pas d'arriver au ſecret des
» anciens. Toujours quelqu'un d'entre
» eux hazardoit quelques lignes du livre
» défendu : peu à peu tout fut révélé.
» Vous ſçavez avec quelle facilité les
» connoiſſances qui nous ſont interdi-
» tes, ſe placent dans la mémoire. Au-
» jourd'hui, il n'eſt peut-être pas un
» Galligène qui ne ſoit auſſi inſtruit
» que les anciens, de l'hiſtoire des dif-
» férentes nations, de leur politique,
» de leurs loix, de leurs religions. Cha-

» cun voit toutes ces choses à sa ma-
» niere : les uns, avec des passions dou-
» ces & peu de lumieres, admirent la
» bizarrerie des autres peuples. *Quoi !*
» disent-ils, *nous sommes sur la terre les*
» *seuls hommes raisonnables ! Les Euro-*
» *péens, ces gens si ingénieux, nos freres*
» *même, plus ingénieux que tous les au-*
» *tres, ont une conduite & des loix si éloi-*
» *gnées de la simple nature ! Chacun d'eux*
» *a une femme qui est à lui, & n'en a*
» *point d'autres ; il a des enfans qui sont*
» *les siens, & ceux des autres ne le tou-*
» *chent en rien ; il a un coin de terre en*
» *propriété, & n'a droit à nul autre !*
» *Qu'arrive-t-il donc, quand sa terre ne*
» *rapporte point, quand ses enfans meu-*
» *rent, & qu'il se dégoûte de sa femme ?*
» *Se passe-t-il du sexe, demeure-t-il sans*
» *appui, & meurt-il de faim ?* Les au-
» tres, avec des passions fortes, & sur-
» tout ceux que l'ambition domine,
» donnent toute leur approbation à la
» politique

» politique étrangere, qui les mettroit
» à portée de satisfaire leurs passions.
» A les entendre, nos loix ne sont bon-
» nes que pour des enfans. Les étran-
» gers ont connu l'homme, & lui don-
» nent les moyens de satisfaire ses paf-
» sions, sans troubler l'ordre. Chez
» eux, par exemple, un ambitieux peut
» parvenir aux plus grands honneurs,
» & les actions qui l'y conduisent, sont
» précisément les plus utiles au bien
» général. Plusieurs, en considérant
» tant de religions, de loix, d'usages
» divers & souvent opposés, voyant
» que ce qui étoit juste dans un pays,
» étoit injuste ailleurs, & que les ver-
» tus d'un peuple étoient les vices d'un
» autre, ont cru que toutes ces choses
» étoient de convention, & qu'il n'y
» avoit essentiellement, ni bien, ni
» mal moral, ni vice, ni vertu. Quel-
» ques-uns, & ceux-ci sont les plus ra-
» res, toutes réflexions faites, ont pensé

» qu'à l'égard de la société, il n'existe » qu'une seule vertu élémentaire & » immuable, qui est l'amour de ses sem- » blables; que, de cette vertu univer- » sellement reconnue & applaudie de » toutes les nations, découlent celles » qui varient selon les climats, les ca- » racteres, les besoins des différens » peuples. Ils sçavent que, dans toute » société, il faut un frein aux cupidi- » tés, & sont les premiers à se l'impo- » ser. Ils se soumettent strictement à » la loi, qu'ils respectent lors même » qu'ils ne l'approuvent pas; &, tou- » jours prêts d'excuser les négligences » des autres, ils ne s'en permettent » aucune «.

CHAPITRE XVI.

Duncan reçoit une leçon de morale d'une Galligène. Il se fâche, s'appaise, & convient de ses torts.

Il y avoit, parmi les Galligènes, une femme célebre, & généralement considérée : son nom étoit Alcine. Elle étoit belle, disoit-on, & l'ignoroit seule ; sçavante, & n'en avoit point les prétentions ; judicieuse, & ne s'en doutoit pas. Duncan, qui sçavoit qu'on est toujours indulgent pour le sexe, & que, parmi les femmes, de petits mérites se font souvent de grandes réputations, voulut juger Alcine par lui-même. Il eut plusieurs entretiens avec elle, & parla, avec éloge, de ses graces, de son esprit & de ses connoissances.

Un jour, ils s'entretenoient de littérature, & Duncan apprécioit les talens des nations. Pour les belles choses, disoit-il, je veux croire que les Galligènes & les autres peuples y réussissent aussi-bien que nous autres François; mais, pour le joli, à nous la palme. Par exemple, il n'est point d'endroit, dans le monde, où l'on tourne aussi adroitement un vaudeville, une chanson bachique, un air tendre.

ALCINE.

Nous avons aussi nos chansonniers, & leur verve n'est point à mépriser. Je vous citerois mille petites choses de ce genre, plus charmantes les unes que les autres. Que trouvez-vous de celle-ci, par exemple:

* *Cruelle Eglé, pourquoi me fuyez-*

* Nous avons dit que la langue de Galligenie n'est pas tout-à-fait la nôtre: la chanson est traduite. Duncan ne s'est pas donné la peine de la mettre en vers, ni moi non plus.

vous, comme le poiſſon fuit devant l'oiſeau cruel qui s'élance dans l'eau pour le dévorer. Mes ſoins & mon amour n'adouciront-ils jamais cette fierté ſauvage qui s'oppoſe à mon bonheur? Comme vous, le fruit de la vigne a d'abord je ne ſçai quoi d'auſtere; mais bientôt il prend cette douce ſaveur qui nous le rend ſi agréable. Que craignez-vous de moi? Ai-je jamais prétendu vous engager dans ces longues paſſions qui font le tourment du cœur, juſte punition de la conſtance? Non, Eglé, votre amant eſt digne de vous: toute la République n'en peut fournir un plus inconſtant & plus leger. Semblable à la diligente abeille; je voltige de fleurs en fleurs, &, ſans m'arrêter nulle part, je cueille par-tout le miel de la volupté.

DUNCAN.

Il y a toujours, dans vos écrits, je ne ſçai quoi d'étranger & d'extraordinaire, tout-à-fait éloigné du goût François, c'eſt-à-dire, du bon goût. Par exemple, dans cette bagatelle que vous venez de me citer, à propos de quoi cette froide plaiſanterie qui la termine.

ALCINE.

Où eſt-elle cette plaiſanterie ? Où prenez-vous cet air étranger ? Quoi ! vous trouvez extraordinaire qu'un amant qui veut plaire, s'annonce par ſes bonnes qualités !

DUNCAN.

Au contraire, je trouve extraordinaire qu'il s'annonce par ſes mauvaiſes. Se donner pour le plus inconſtant des hommes, ſi l'on ne plaiſante pas, c'eſt une extravagance des plus complettes ; &, ſi c'eſt plaiſanterie, c'en eſt une bien froide.

ALCINE.

Je crois vous entendre, & ne ſuis plus ſurpriſe que, n'étant pas entré dans le ſens du poëte, vous ne puiſſiez le goûter. Vous lui rendrez plus de juſtice, quand vous ſçaurez qu'en amour l'inconſtance eſt une vertu.

DUNCAN.

L'inconſtance, une vertu?

ALCINE.

Très-recommandable.

DUNCAN.

Et la conſtance?

ALCINE.

Un vice très-repréhenſible.

DUNCAN.

Je crois que les Galligènes me feront perdre l'entendement. Les vertus de mon pays ſont des vices: ce que j'appellois bien, eſt mal; ce que j'appellois mal, eſt bien; je ne ſçai plus comment qualifier les choſes, & toutes mes idées ſe bouleverſent.

ALCINE.

Il faut pourtant tâcher d'arranger tout cela dans votre tête, & vous persuader que les Galligènes pensent très-sensément à l'égard de l'amour.

DUNCAN.

Quoi ! cette constance si recherchée & si applaudie, cette force qui résiste à tous les plaisirs qu'une imagination déréglée montre par-tout ailleurs que dans l'objet auquel on a voué son cœur, cette qualité qui fait les délices de l'amour, cette vertu ...

ALCINE.

Mais sçavez-vous, Monsieur Duncan, que vous tenez-là le langage du libertin le plus décidé. Tout autre oreille seroit choquée de vos discours. Pour moi, je sçai combien un étranger, en parlant de la vertu, doit s'éloigner de la raison. Votre intention est bonne;

mais les préjugés vous aveuglent d'une maniere à me faire pitié.

DUNCAN.

Adieu, je vous quitte, & ne veux plus de conversation suivie avec aucun Galligène. Le sens commun de mon pays, n'est plus ici sens commun. J'ai beau parler raison, j'ai toujours tort; &, quand je tiens le langage d'un homme vertueux, je dis des choses à faire trembler.

ALCINE.

Un instant, Monsieur Duncan, & ne vous fâchez pas. Vous êtes un honnête homme; & je suis persuadée qu'il y a, dans vous, de quoi faire l'amant le plus inconstant, c'est-à-dire, le plus estimable qui soit. Deux mots seulement, & vous sentirez la nécessité de devenir tel. Vous verrez que, si vous avez raison, nous n'avons pas tort; & que le sens commun de France, est celui de ce pays-ci & de toute la terre. Où les femmes sont en communauté, comme chez les Galligènes, la constance s'oppose au bon ordre; car une femme ne doit pas être à un seul, & c'est ce que la constance exigeroit : elle doit être à tous, & c'est à quoi dispose la légereté. Chez vous, au contraire, une femme doit s'attacher à un seul : le bon ordre demande donc de la constance, & condamne la légereté. Ainsi la légereté doit être un vice dans votre pays, & une vertu dans le nôtre; la constance doit être une vertu parmi vous, & un vice parmi nous.

DUNCAN.

J'entre à présent dans vos vûes, belle Alcine, & je commence à croire qu'il faut vous laisser tranquille sur vos vertus, puisque vous me laissez tranquille sur les miennes. L'éloge que je faisois de la constance, est bon pour mon pays,

& mal ſonnant dans celui-ci. Je ne déſapprouve plus votre maniere de penſer ; toutefois je garde la mienne. Au reſte, je vous félicite ſur votre morale. Un précepte qui ordonne la légereté, doit être aiſé à obſerver. Sans doute vous ne manquez pas de vertueux en ce genre ; à cet égard, la conduite des Galligènes eſt irréprochable.

ALCINE.

Vous vous trompez. Tandis qu'on nous prône l'inconſtance, on ne voit, parmi nous, que fermeté, longues paſſions, amours ſans fin.

DUNCAN.

Cela m'étonne infiniment. O que vos freres de France auroient de mérite dans ce pays-ci. Il n'y en a pas un qui ne reſtât ſcrupuleuſement ſoumis à votre morale admirable ; car, chez nous où l'on exige de la ſolidité, on ne voit qu'inconſtance.

ALCINE.

Vous vous trompez encore. Je ne ſçai par quelle fatalité l'eſprit humain ſe porte toujours à ce qui lui eſt interdit. Vos François, tout legers qu'ils ſont, deviendroient probablement conſtans parmi nous.

DUNCAN.

Si cela eſt, il faut que l'eſpéce humaine ſoit bien violemment induite à la contradiction.

ALCINE.

On ne peut plus violemment.

DUNCAN.

Mais eſt-il bien ſûr que l'eſprit humain ſoit ainſi tourné, & qu'il ſuffit de commander, ou d'interdire une choſe, pour que nous nous ſentions portés à ce qu'on interdit, & éloignés de ce que l'on commande ? Ne ſeroit-ce point une erreur qui procede de ce que nous n'avons pas assez réfléchi sur les motifs de nos actions. Il y a des gens soumis aux loix, & attachés à la vertu ; il y en a qui ne sortent jamais du désordre. Les premiers ne sont pas vertueux, parce qu'on leur prescrit de l'être ; les seconds ne sont pas vicieux, parce qu'on leur interdit le vice : mais ceux-là sont vertueux, & ceux-ci vicieux, parce que la raison, & peut-être plus encore le naturel, guident les uns, & manquent aux autres.

ALCINE.

Il y a quelque chose de plus. L'homme est né libre ; &, à proportion que son esprit se fortifie, à proportion il chérit la liberté. Ainsi, lorsque la morale se présente pour lui donner des entraves, la premiere impression est un mouvement de répugnance. De soi-même il se porte à haïr une chose, par cette seule raison qu'on la commande ;

il se porte à l'aimer, par cette seule raison qu'on la défend. Nés avec le penchant de faire tout ce qui nous plaît, nous nous refroidissons nécessairement sur ce qu'on exige de nous. Commandez à quelqu'un ce qu'il desire le plus; cet ordre seul est capable d'éteindre son desir. Il ne faut donc pas s'étonner si, lorsqu'on exige de la légereté, on a tant de gens constans, & si, lorsqu'on exige de la constance, on a tant de gens legers. Vous voyez par-là combien se trompent ceux qui, considérant les mœurs d'une nation, & voyant qu'elle se porte avec ardeur à tout ce qui paroît opposé à l'esprit de ses réglemens & de sa morale, s'imaginent que les loix de ce peuple ne sont pas analogues à son caractere. Ils ne voyent pas qu'une des raisons de cette conduite, est qu'on en prescrit une autre : de maniere que, si l'on venoit à l'autoriser, & qu'on lui prescrivît de se comporter comme il fait, cela suffiroit pour faire une révolution dans les mœurs, & les changer totalement : tant l'esprit de liberté est inhérent à l'homme. Un politique qui examine l'inconduite & le désordre d'un peuple, ne doit donc pas, comme on fait tous les jours, conclure qu'il faudroit abroger les anciennes loix, pour en substituer de nouvelles : car cette inconduite peut venir du penchant que tout homme a pour s'élever contre ce qu'on lui commande, & courir après ce qu'on lui défend. Alors ce ne seroit pas les loix qu'il faudroit changer ; ce seroit les esprits qu'il faudroit refrener & ramener à la raison.

CHAPITRE XVII.

Un Galligène s'enivre pour mieux parler raiſon.

DANS les divers quartiers de la ville, il y a des endroits où l'on prépare à manger. Les Galligènes vont y prendre leur repas à telle heure que bon leur ſemble ; chacun ſelon ſon régime, l'habitude, le beſoin, la fantaiſie. On ſe renferme ſolitairement, ou l'on ſe place dans de grandes ſales très-fréquentées. L'aventure du jour, le dernier bon mot, jolies femmes, hommes connus, liaiſons, amours, débats des uns & des autres ; tout peut s'y propoſer, & ſe diſcuter. Cependant vous êtes ſervi dans la plus grande exactitude, & vous vous retirez quand vous jugez à propos.

Un jour, Duncan ayant pris ſon repas, ſe retiroit, lorſqu'un Galligène de ſa connoiſſance l'arrêta. Quoi ! lui dit-il, vous ne vous ſouciez donc pas d'entendre l'oracle ? De quel oracle venez-vous me parler, répondit Duncan ? Je vois bien, reprit le Galligène, que la choſe, peut-être la plus curieuſe de ce pays-ci, vous eſt encore inconnue. Avez-vous fait attention à ce grand homme ſec, que vous voyez à dix pas de vous ? Oui, répliqua Duncan, &, de long-tems, je n'ai vu boire auſſi largement qu'il vient de faire. Auſſi, pourſuivit le Galligène, va-t-il nous dire vraiſemblablement des choſes bien admirables. C'eſt donc, reprit Duncan, un homme qui s'enivre pour mieux parler raiſon ? Préciſément, dit le Galligène, c'eſt la tête la plus ſingulièrement conſtituée qui ait jamais exiſté.

Voyez-le, le matin, à jeûn, c'eſt un imbécille, mais un imbécille dans toute la force du mot : qu'il déjeûne & qu'il boive d'autant, c'eſt un homme qui pétille d'eſprit, non de cet eſprit qui s'évapore en propos legers, mais de cet eſprit ſolide & aiſé qui vous éclaire en même tems qu'il vous amuſe. C'eſt une eſpéce d'oracle dans la République. Il donne ſes réponſes à table, & le verre à la main. Ceux que vous voyez autour de lui, ſont probablement venus le conſulter : il boit ſa doſe, & vous allez bientôt entendre ſa réponſe.

Duncan s'approcha. L'oracle bachique tenoit quelques propos généraux, en attendant que ſa tête ſe montât, & que ſon démon vînt s'emparer de lui. » Il y a, diſoit-il, des vins querel» leurs, babillards, dévots, amou» reux ; tout le monde ſçait cela : mais » je ſçai, moi, qu'il y a des vins con» teurs, raiſonneurs, géometres, phy» ſiciens, & autres. J'ai fait, depuis

» long-tems, ces utiles obſervations, & » je me conduis en conſéquence. L'au- » tre jour, je fus cité au tribunal des » anciens, pour une bagatelle dans la- » quelle je n'étois nullement coupa- » ble. Il falloit plaider ma cauſe; je » vins ici puiſer de l'éloquence. Je de- » mandai du vin du côteau *ſud-oueſt*: » les échanſons ſe tromperent; on m'en » donna du côteau *ſud-eſt*. Je venois » pour me faire orateur, je bus, & je » devins poëte. Me voilà donc au tri- » bunal, plaidant en vers, faiſant des » épigrammes, des ballades, des ron- » deaux, & jouant ſur tout ce qui s'of- » froit à mon imagination. Je ne ſçai » ſi j'amuſai mes Juges; mais je ſçai » que je ne les perſuadai pas: on m'en- » voya quelques mois aux champs, pour » me rafraîchir un peu la tête. Mon » affaire étoit excellente; mais je m'é- » tois trompé en vin; je perdis mon » procès. Ce malheureux vin *ſud-eſt* eſt

» le plus poëtique que je connoisse : il
» n'y a point de bouteille qui ne four-
» nisse son ode, & point de verre qui
» ne donne sa strophe. Celui que nous
» buvons actuellement, éclaire l'en-
» tendement. J'en use sur-tout pour
» éclaircir les questions de morale, &
» je ne manque guère mon coup. Vous
» allez bientôt en être témoins ; car je
» sens qu'il ne tardera pas d'opérer «.

En effet, à peine l'homme aux oracles eut-il achevé de débiter ces maximes, que la scène changea. Ses yeux se fermerent ; ses coudes, sur la table, reçurent le poids de son corps chancelant, & ses mains fixerent sa tête mal assurée. Duncan, singuliérement étonné (& , pour le coup, je crois que je l'aurois été tout autant que lui), admiroit comment des gens qui paroissoient sensés, se faisoient un amusement d'enivrer un homme, pour avoir le plaisir de le voir s'endormir, en discourant comme le vin le vouloit. Mais il fut encore bien plus étonné, quand il vit le prétendu dormeur se lever subitement, & répondre, en ces termes, à ce qu'on avoit demandé de lui.

» Vous voulez que je vous parle de » la nature, de l'origine & des progrès » de la décence circonspecte, & de » la pudeur craintive : écoutez ; voici » ce que m'inspire le génie puissant qui » s'empare de moi. Le grand jour, la » multiplicité des objets, la distrac- » tion sont contraires à la volupté. Ne » voyons-nous pas ceux qui entendent » les plaisirs de la table, se faire, en » plein jour, une nuit artificielle, & » préférer la foible lueur des flambeaux, » à la lumiere trop éclatante du soleil ? » Si les plaisirs de la table croissent dans » la retraite, que n'y doivent pas ga- » gner ceux de l'amour ? N'en doutons » point ; dès que les hommes commen- » cerent à les bien connoître, ils les

» environnerent d'un voile. Le silence » de la nuit, le demi-jour des grottes, » l'ombre des bois firent les délices des » amans; le soleil n'éclaira plus leurs » caresses, & la solitude devint le sé- » jour de la volupté. De-là, les occa- » sions plus rares, & les desirs plus » vifs; les rencontres ménagées, & les » larcins amoureux; de-là, les plaisirs » plus piquans. On vit alors que l'a- » mour croissoit par la difficulté, & » que ses faveurs devenoient plus pré- » cieuses, à proportion de la peine » qu'on avoit à les obtenir. Ainsi les » hommes apprirent à desirer; les fem- » mes, à résister; &, semblable aux » eaux qui accélerent leur mouvement » à proportion que leurs canaux se ré- » trécissent, l'amour devint plus actif, » par les régles étroites qu'on lui pres- » crivit. Le voile jetté sur les actions, » s'étendit bientôt sur les paroles. Ce » qu'on ne pratiquoit plus qu'en ca-

» chette, on ne le demanda plus ou-
» vertement : on mit du myſtere à ex-
» primer ſes deſirs, comme à les ſatis-
» faire. Amans heureux, qui deman-
» dez, qui preſſez, qui obtenez ces
» tendres aveux qui vous comblent de
» plaiſirs, & vous en font eſpérer d'au-
» tres plus grands encore, c'eſt à vous
» de dire combien votre ſenſibilité s'ai-
» guiſe par le myſtere. Ceux qui, plus
» emportés qu'amoureux, négligerent
» ces ménagemens, paſſerent pour gens
» groſſiers, incapables d'être affectés
» de ce que l'amour a de plus délicat,
» & dont les lourdes mains fanoient les
» fleurs qu'elles touchoient. Enfin,
» quand on vint à réfléchir ſur des de-
» ſirs dont il ne falloit point ſuivre les
» impreſſions que dans l'ombre, & qu'il
» ne falloit montrer qu'en les cachant,
» la plûpart des hommes n'eurent pas
» de peine à ſe perſuader qu'il y avoit
» quelque choſe d'indécent & de hon-
» teux «.

Ici l'Orateur s'arrêta. Pour fournir aux dépenses qu'il faisoit en esprit, il but trois grands verres de vin ; puis, allégre comme un voyageur reposé, il poursuivit.

» Voilà donc la pudeur qui naît par-» mi les hommes ; cette pudeur qui » marque le desir en même tems que » l'éloignement ; qui veut & ne veut » pas ; qui jamais n'accorde qu'en re-» fusant. Autant qu'elle semble con-» traire à l'amour, autant elle lui est » favorable ; lors même qu'elle en con-» damne les transports, elle leur donne » un prix qu'ils n'avoient pas. Quel ju-» gement devons-nous maintenant por-» ter sur ces écrivains inattentifs qui » la regardent comme le fruit d'un aveu-» gle préjugé ? Qu'ils remontent à son » origine ; qu'ils voyent le genre hu-» main qui ne se trompe jamais sur ses » plaisirs, en dicter les loix ; qu'ils la » voyent elle-même accroître, pro-

» longer,

» longer, animer les plaiſirs, & même » les faire naître où, ſans elle, il n'en » eût jamais exiſté ; qu'ils la ſuivent » dans ſes développemens, lorſqu'elle » s'épanouit ſur le viſage qu'elle colo- » re, ſe montre dans toutes ſes nuan- » ces, s'affoiblit peu à peu, & ſe perd » enfin dans les délices de l'amour » qu'elle vivifie ; &, s'ils l'oſent, qu'ils » l'appellent encore foibleſſe & chi- » mere. Mais gardons-nous de nous » tromper ſur ſes différentes eſpéces. » Il en eſt de deux ſortes. Celles des » hommes éclairés, qui connoiſſent la » nature de la volupté, n'en appro- » chent qu'avec circonſpection, & n'y » touchent que légerement, de crainte » d'en ternir la fleur. Celles des hom- » mes vulgaires, qui, penſant que les » deſirs qu'inſpire l'amour, ont en eux- » mêmes je ne ſçai quoi de honteux, » ne s'y livrent qu'avec modération, & » comme contraints & emportés par

» une passion excessive. L'une & l'au-
» tre vont au même but, je veux dire
» aiguisent, multiplient, prolongent
» nos plaisirs, & conservent, dans
» l'homme, le trésor le plus précieux
» dont il puisse jouir, la fraîcheur du
» sentiment. Ayons-en, de quelque
» espéce qu'elle soit; c'est l'ame de la
» volupté. Si nous manquons de l'une
» & de l'autre, non-seulement nous
» annonçons une honteuse incapacité
» de goûter ce que les délices du cœur
» ont de plus délicat, mais encore, en
» nous livrant sans réserve au plaisir,
» nous ne tarderons pas à cesser d'en
» être touchés, &, parcourant rapide-
» ment la carriere de l'amour, nous
» rencontrerons bientôt son tombeau,
» qui est la satiété. Que nos discours
» même soient modestes, &, s'il se
» peut, jusqu'à la timidité. Le propos
» libre équivaut presque à l'abus réel:
» on s'accoutume bientôt à des choses

» dont on parle avec si peu de rete-
» nue, & dès qu'on est accoutumé
» aux plaisirs, ils cessent d'être plaisirs.
» Les faveurs de l'amour n'ont que le
» prix qu'on y attache : un homme trop
» libre dans ses paroles, les déprécie ;
» une femme les avilit : l'un & l'autre
» les dégradent à leurs propres yeux,
» & se rendent tout-à-la-fois incapables
» de goûter & d'inspirer la volupté,
» dont ils flétrissent toutes les graces «.

Duncan soutient que ce discours se sent un peu de l'état du discoureur.

CHAPITRE XVIII.

Duncan disserte avec un Ancien, & a toujours raison.

PLUS notre voyageur examinoit certaines branches de la police des Galligènes, moins il les approuvoit : non pas qu'il vît clairement par quel endroit elles étoient contraires au bon ordre; car Duncan n'étoit pas un politique de la premiere force; il en jugeoit par une certaine répugnance qu'il pensoit tenir de la nature, & qu'il regardoit comme beaucoup plus sûre que le raisonnement. Un jour il s'en expliquoit à un Ancien, l'homme de toute la République, qui passoit pour le plus instruit dans les loix des Galligènes. Je ne vous le déguise point, lui disoit-il, vous avez des usages que je ne puis goûter. Cette communauté des femmes, par exemple, me répugne ſinguliérement. Que vous êtes à plaindre de ne pouvoir jouir des douceurs de ces heureuſes unions, où deux cœurs vertueux, guidés par l'eſtime & inclinés par l'amour, ſe dévouent pour jamais l'un à l'autre! Les ſoins & les peines deviennent des plaiſirs, parce qu'un objet aimé doit en goûter le fruit. Les ſuccès & les heureux événemens flattent moins en ce qu'ils nous regardent, qu'en ce qu'ils touchent l'autre moitié de nous-mêmes. Une ſeule ame ſemble animer deux corps, ou l'ame de l'un animer l'autre. Les enfans qui naiſſent de ces unions fortunées, ſont encore de nouvelles ſources de douceurs. Ils croiſſent autour de nous, comme de jeunes plantes cultivées avec ſoin, qui doivent un jour donner des fruits qui feront nos délices.

L'ANCIEN.

Vous avez raiſon : le lien conjugal a bien des douceurs, & j'en imagine encore plus que vous n'en dites; mais je crois que les Galligènes ont à ſe féliciter d'en être privés. On les achete par bien des ſollicitudes, & quelquefois on n'en jouit jamais : la peine eſt sûre; la récompenſe, incertaine. Qu'il eſt rare d'avoir une femme & des enfans ſelon ſon cœur ! Si l'amour & la tendreſſe n'aveugloient pas un pere de famille, qu'il ſeroit ſouvent à plaindre ! Le lien conjugal & paternel multiplie les plaiſirs, j'en conviens; mais auſſi il multiplie les chagrins, & dans la même proportion; car tout ce qui nous affecte croît alors en action. Une épouſe & des enfans ſont autant de miroirs qui réfléchiſſent tout, agréable & déſagréable. Ainſi je ne vois pas qu'il y ait à gagner; &, ſi vous calculiez bien, peut-être trouveriez-vous qu'on y perd. En général, il eſt bon de vanter les mariages dans votre pays; mais il eſt prudent de s'en abſtenir. D'ailleurs ne penſez pas qu'il ne ſe trouve parmi nous aucune trace de cet attachement tendre qu'un pere reſſent pour ſes enfans. Un homme, pour peu qu'il ait de naturel, ne ſera-t-il pas ému à la vûe d'une troupe d'enfans, dont quelques-uns lui doivent probablement le jour. Ne s'intéreſſera-t-il pas à leur ſort? Ne s'attendrira-t-il pas à la vûe de leurs maux? Ne ſe réjouira-t-il pas à la vûe de leur bien-être? Et ces affections vraiment paternelles ne ſeront-elles pas d'autant plus utiles au bien général, qu'aucun citoyen ne peut & ne doit les fixer ſur un objet particulier. Chacun de ces enfans lui ſera cher, parce qu'il aura toujours à ſe dire, c'eſt peut-être celui-ci qui eſt mon ſang. Quant aux douceurs que vous attachez à l'union de deux époux, nous en ſommes totalement privés, il eſt vrai : mais l'amour en eſt-il moins réel, moins vif, moins piquant, pour n'être pas conjugal ?

DUNCAN.

Quand il n'y auroit rien à gagner dans nos mœurs, quand même il y auroit à perdre, au moins notre conduite n'a point cet air de libertinage que l'on reſpire ici. Des femmes qui, par devoir, ſe livrent au premier venu, ne méritent l'attachement de perſonne, & ſont dignes du mépris de quiconque aime l'ordre & la modération.

L'ANCIEN.

Vous avez raiſon. Des femmes livrées à toute l'ardeur d'un tempérament effréné; des filles enivrées de débauches; un trafic honteux qui couvre d'infamie les plus douces faveurs que la nature ait faites aux hommes; voilà ce que vous imaginez dans la communauté des femmes. Sous ce point de vûe, vous l'avez, & vous devez l'avoir en horreur. Mais une femme qui suit, avec modération, des desirs & des goûts qui naissent dans son cœur, ou qu'elle fait naître dans le cœur des autres, qui pourra la condamner, si la loi ne la condamne pas? Qui, au contraire, ne l'approuvera pas, si la loi l'approuve? Tels sont les Galligènes. La seule chose que la nature recommande, dans l'usage des plaisirs, c'est la tempérance: mais les divers besoins des sociétés ont obligé à les restreindre plus ou moins; notre République leur a laissé le plus de liberté, tant mieux pour les citoyens.

DUNCAN.

Je doute qu'il y ait beaucoup de justesse dans ces raisonnemens & dans la façon de penser des Galligènes, à l'égard des femmes; mais je sçai certainement qu'il n'y a guère de délicatesse.

L'ANCIEN.

Vous avez raison. Aussi sommes-nous bien éloignés de vouloir y en mettre ; & , sans y penser , vous nous faites un compliment très-flateur. Cette délicatesse est un des vices que tout honnête Galligène évite avec le plus d'attention : elle naît de l'amour propre. On veut des plaisirs qui soient à soi : celui que l'on partageroit , cesseroit d'en être un ; on veut jouir des douceurs d'une propriété exclusive. Je m'étonne que , chez vous , on ne se dispute pas aussi l'air qu'on respire , & que l'on puise paisiblement à la même riviere. Votre politique nourrit cette délicatesse , & même en fait une sorte de vertu , parce que naturellement elle incline à l'observation de la loi , qui défend aux femmes la pluralité des hommes , & aux hommes la pluralité des femmes. Pour s'attacher exclusivement une femme, on prend sur soi de renoncer à toutes les autres; & c'est ce que la loi demande. Par une raison contraire, notre politique dégrade cette même délicatesse, & en fait un vice; car, parmi nous, une femme doit être l'épouse de tous les hommes, & un homme, l'époux de toutes les femmes.

DUNCAN.

Mais enfin vous conviendrez qu'une femme qui s'attache inviolablement à un seul homme, qu'elle regarde comme un autre soi-même, vaut bien celle qui se donne à tous, & ne s'attache à personne.

L'ANCIEN.

Vous avez encore raison. En Europe, un état n'est point chargé de nourrir, d'élever, d'éduquer les enfans; chaque pere de famille est chargé du ſoin des ſiens : c'eſt un fardeau, & il faut toute la tendreſſe paternelle pour le rendre leger. Il eſt donc très-important pour le bon ordre, que les peres de famille ſoient aſſurés, par la conduite de leurs épouſes, que les peines qu'ils ſe donnent ne ſont pas pour les enfans des autres. De-là, ce genre de ſageſſe d'une femme, qui conſiſte à s'attacher fidélement à un ſeul homme ; & c'eſt en effet une vertu très-recommandable, relativement à vos mœurs. Quant à nous, la République ſe charge de l'éducation des enfans : il lui importe peu quel en eſt le pere ; il importe peu au citoyen quel eſt ſon fils. Ainſi l'attachement inviolable à un ſeul homme, devient inutile ; &, comme en elle-même cette union trop gênante a de grands inconvéniens, nous la rejettons, & nous avons raiſon. En Europe, on paſſe ſur ces inconvéniens, à cauſe de la néceſſité de s'aſſurer des générations, & l'on a raiſon auſſi. Chaque loi ſe conforme au beſoin : nous ſommes auſſi conſéquens les uns que les autres, & nos femmes ſe valent bien.

DUNCAN.

Au moins m'avouerez-vous que votre légiſlateur n'a pas fait aſſez d'attention aux inconvéniens qui, entre le pere & la fille, la mere & le fils, le frere & la ſœur, peuvent réſulter de la communauté des femmes. Pour moi, cette ſeule idée me révolte.

L'ANCIEN.

Vous avez toujours raiſon, & votre répugnance eſt très-louable. Je vous parlois tantôt de la néceſſité où, dans votre pays, un état ſe trouve de tenir la main à la vertu des femmes, pour multiplier les mariages, & encourager les ſoins paternels. Les filles doivent donc être ſages; premiérement, parce que les enfans qui naîtroient hors le mariage, au lieu d'être une richesse pour l'état, lui seroient plutôt à charge; secondement, afin que les hommes y attachent leur confiance, & les épousent. Ainsi la politique, qui doit punir tout commerce illicite, doit punir plus rigoureusement ceux qui, par état, ayant un accès aisé dans les familles, des occasions fréquentes, de l'influence sur les esprits, & d'autres voies ouvertes à la séduction, oublient leur devoir, au point d'abuser de ces facilités. Vos loix sévissent, à bon droit, contre un maître qui séduit une éleve, un frere qui séduit sa sœur, un pere .... Mais sans doute il n'en est point d'assez lâches pour jetter l'opprobre dans leur propre sein. Ce n'est donc pas sans raison que vous voyez avec horreur ces mélanges en effet très-criminels, puisqu'ils sont capables de jetter le trouble & la confusion dans la société. Mais chez nous, où de semblables désordres ne sont point à craindre, ces sortes de commerces cessent d'être criminels; & ce que vous verriez en Europe avec un œil d'indignation, vous le devez voir ici avec un œil d'indifférence.

DUNCAN.

Je ne puis : ces mélanges monstrueux nous répugnent par eux-mêmes. Cela est si vrai, que le mariage, qui, chez nous justifie tout, est interdit entre parens. Si nous en tolérons quelques-uns, c'est en dérogeant à la loi, qui les défend tous; & je crois que vous auriez peine à trouver par quel endroit cette conduite manque de sagesse.

L'ANCIEN.

Vous aurez raison jusqu'à la fin. On interdit, dans votre pays, le mariage entre parens, & cela doit être; non pas que ces alliances ſoient contre nature, mais parce qu'elles ſont contraires aux vûes de la loi. Vous le ſçavez, chacun, chez vous, ſe fait centre, & tâche de ramener tout à ſoi : la politique fait tout ce qu'elle peut pour faire ſortir de ce centre, & intéreſſer un citoyen pour l'autre. De-là, cette recommandation où elle met les amitiés, les alliances, les liaiſons particulieres : on les multiplie le plus qu'il eſt poſſible, afin qu'il ne reſte aucun ſujet iſolé, qui, dans le beſoin, manque de reſſource. Les peres & les enfans, les freres & les ſœurs, les parens proches, on les regarde comme unis par les liens du ſang ; on ne croit pas néceſſaire d'y joindre les liens du mariage : on les attache donc à d'autres, auxquels ils ne tenoient en rien ; on tâche que tous les citoyens ſoient, ou amis, ou parens, ou alliés les uns des autres, afin qu'ils s'aiment réciproquement,

& qu'ils ſe rendent des ſervices mutuels. Ici nous n'avons qu'une mere, qui eſt la République, & nous ſommes tous freres; nous devons aimer l'un autant que l'autre; & tout lien qui tendroit à nous attacher ſpécialement à qui que ce ſoit, ſeroit contre l'eſprit de nos loix. Vous faites tout pour multiplier les liaiſons particulieres; nous faiſons tout pour les abolir. Dans votre conſtitution, vous avez raiſon; dans la nôtre, nous avons auſſi raiſon. Que l'un ne blâme donc pas les mœurs & les loix de l'autre; que chacun vive en paix, & qu'il ſoit vertueux à la mode de ſon pays.

Fin du Tome premier.

TABLE
DES CHAPITRES
Contenus en ce Volume.

Fin de la Table des Chapitres.

www.ingramcontent.com/pod-product-compliance
Lightning Source LLC
Chambersburg PA
CBHW052058090426
42739CB00010B/2236
* 9 7 8 2 0 1 2 5 5 5 2 1 1 *